DITAN XINWEN　　　　　　　　　　　　　　　　　YANJIU

低碳新闻研究

对新闻专业主义的突破与发展

王晴川　著

上海大学出版社

图书在版编目(CIP)数据

低碳新闻研究：对新闻专业主义的突破与发展/王晴川著. —上海：上海大学出版社，2021.12
ISBN 978-7-5671-4321-0

I.①低… II.①王… III.①新闻学—传播学—成本控制—研究 IV.①G210

中国版本图书馆 CIP 数据核字(2021)第 250430 号

责任编辑 倪天辰
封面设计 倪天辰
技术编辑 金 鑫 钱宇坤

低碳新闻研究

王晴川 著

上海大学出版社出版发行
(上海市上大路99号 邮政编码200444)
(http://www.shupress.cn 发行热线021-66135112)
出版人 戴骏豪

*

南京展望文化发展有限公司排版
江苏凤凰数码印务有限公司印刷 各地新华书店经销
开本 890 mm×1240 mm 1/32 印张 6.25 字数 130千
2021年12月第1版 2021年12月第1次印刷
ISBN 978-7-5671-4321-0/G·3416 定价 58.00元

版权所有 侵权必究
如发现本书有印装质量问题请与印刷厂质量科联系
联系电话: 025-83657309

序　言
PREFACE

推进绿色发展,建立健全绿色低碳循环发展的经济体系,倡导简约适度、绿色低碳的生活方式,是党的十九大报告提出的重要战略方针,也是建设美丽中国的必由之路。2020年11月17日,习近平在出席金砖国家领导人第十二次会晤的讲话中指出:"要坚持绿色低碳,促进人与自然和谐共生。落实好应对气候变化《巴黎协定》,恪守共同但有区别的责任原则……中国将提高国家自主贡献力度,已宣布采取更有力的政策和举措,二氧化碳排放力争于2030年前达到峰值,努力争取2060年前实现碳中和。我们将说到做到。"

党和国家关于建设低碳社会的战略部署,为美丽中国建设指明了方向,也向世界宣示了中国作为负责任大国的应有担当。

低碳理念和低碳行为,已经渗透进我们的日常生活,也与各行各业有着密切的关系。当然,新闻传播领域也不能例外。在新闻宣传领域,亟须建设和发展低碳媒介、低碳传播。多年来,在新闻生产和传播领域,不仅存在着诸多资源浪费现象和行为,也存在着饱和宣传、过度采访和无效传播等现象。这些,其实跟低碳媒介、低碳社会的建设,尤其是跟美丽中国建设的总目标方向相左,甚至背道而驰。

我非常欣喜地看到，王晴川教授经过多年思考和探索，在国内新闻学界较早地提出了"低碳新闻""低碳采访""低碳媒介"和"低碳传播"等相关概念，并将其思考和研究集结成《低碳新闻研究》一书。这本书不仅在新闻传播学理论创新方面有所建树，引发我们在自媒体时代大背景之下对传统的新闻专业主义等学说进行反思，更是在新闻传播实践领域，将低碳新闻和低碳传播的理念贯彻到实际工作之中，对于促进低碳社会建设，促进绿色经济以及实现碳中和，有着现实的意义。王晴川教授曾经在安徽电视台等新闻机构工作，具有丰富的新闻实践经验，属于"双栖型"学者。本书的一些观点和体会，也是他在长期的新闻专业实践中获得的深切感悟，读来令人颇受教益。

理论是灰色的，唯生活之树常青。低碳新闻的理念需要在实践中汲取营养以成长发展。也期待低碳新闻和低碳媒介的理念为更多的新闻工作者所接受，并能够自觉贯彻到实际工作中去，从而承担起媒体人的一份社会责任。

是为序。

陆地

于北京大学

2021 年 7 月 30 日

前　言
FOREWORD

> 一切节约,归根到底都是时间的节约。　　——马克思
> 理论是灰色的,唯生活之树常青。　　——歌德

低碳,本来是指较低甚至最低的温室气体[以二氧化碳(CO_2)为主]排放。自然科学告诉我们,二氧化碳排放,是物质世界存在的一种自然现象。二氧化碳是空气中常见的一种化合物。它无色无味,易溶于水,不支持燃烧。在自然界中,能够产生二氧化碳的途径很多。凡是有机物,包括动植物,在生长、呼吸、分解、腐烂、发酵的过程中都能产生二氧化碳;许多矿物质,如石油、煤炭、天然气、石蜡等在燃烧过程中也会释放二氧化碳;几乎所有绿色植物每时每刻都在产生二氧化碳。此外,人类、城市、社会,以及汽车、飞机、工厂、车间,还有新闻媒介,都在无时无刻地排放二氧化碳。在现代社会,碳排放和温室效应已经日益成为一个严重的全球性问题。减少碳排放,降低能源消耗,提高人们的生活质量,保障人类生命安全,是全世界都必须正视的一个问题。低碳新闻、低碳媒介、低碳传播,正是从新闻传播学的角度,审视和观照这一人类生存的大课题。新闻媒介在降低能源和物质消耗,提高信息传播效率,最大限度地发挥和

利用媒介资源,以及提高媒介资源的效能等方面,应该有很大的作为空间。本书以低碳新闻和低碳媒介为研究目标,并关注低碳新闻和低碳媒介与新闻专业主义的关系,以及这一话题对新闻专业主义等传统新闻学理论体系的启示性意义。"低碳新闻"和"新闻专业主义",这两个看似无关的问题,在媒介大发展和技术进步日新月异的融媒体时代,它们走到一起来了。低碳新闻,讲求的是在新闻报道与传播过程中,如何最大限度地减少消耗、减少浪费、降低碳排放,讲求如何"最少"地报道新闻;而传统的新闻专业主义,讲求的是如何"最好"地报道新闻,讲求的是如何全面、客观、彻底、详尽地报道新闻事实,无关资源和能源消耗问题。在传统的新闻专业主义看来,只要能够全面、客观、彻底、详尽地报道新闻事实,并尽快传播出去,消耗多少资源和能源,似乎是无关紧要的,或者说,不是传统的新闻专业主义所关心的问题。而在笔者看来,低碳新闻与新闻专业主义,是可以统一而且是应该统一起来的。低碳新闻之"最少"与新闻专业主义之"最好"之间,应该有一个平衡点。这个平衡点就是一个"度"的问题,也是新闻报道的"火候"问题。新闻报道应该讲求"火候"。新闻媒体和新闻工作者,应该用合理的资源、版面、时间与精力投入,进行合宜的新闻报道。换句话说,对于重要题材和重大新闻,不能轻描淡写,敷衍报道,用力不足;而对于鸡毛蒜皮,鸡零狗碎,甚至根本不足以称为新闻的东西,不能大肆渲染、进行炒作、用力过猛。所谓"过犹不及也"。任何"炒新闻""焖新闻"的做法,都是不可取的。归根到底,新闻报道是应该为人民服务的。低碳新闻与新闻专业主义,都应该服从和服务于人民群众的根本利益。新闻报道应该既坚持低碳的原则、节约的原则，又坚持新闻专业主义的精神，把新闻报道进行到底。优秀的新闻报道，应该是低碳原则与新闻专业主义的完美结合。应该用最短的篇幅、最少的版面和最为节约的资源，做最为合宜而翔实的报道。

在自媒体、全媒体和融媒体时代，信息技术的迅速发展，为新闻业界尽可能地减少碳排放、减少消耗和浪费，提供了物质与技术保障。传统的新闻专业主义，在与低碳新闻相互结合和作用的同时，也找到了自身的理论发展和延伸的空间。传统的新闻专业主义，在自媒体、全媒体和融媒体时代，应该与时俱进、更新升级。传统的新闻专业主义，也只有不断自我更新，自我丰富和完善，跟上时代前进的步伐，才能走出"灰色"地带，葆有"长青"本色。

本书受到上海市哲学社会科学规划课题《低碳新闻研究——对新闻专业主义的突破与发展》的支持。这一课题研究的主要目的，就是在自媒体、全媒体和融媒体时代，在低碳社会里，探讨传统的新闻专业主义如何寻求自身的理论突破和发展；探讨低碳新闻和新闻专业主义的联系、矛盾和冲突；探讨如何在低碳新闻和新闻专业主义之间，找到结合点和平衡点，用最少的投入和最小的能源与资源消耗，最好地报道新闻事实；探讨如何最大限度地发掘利用媒介自身资源，实现媒介资源的有效与优化配置。简单地说，就是花最少的钱、用最少的精力和最节约的资源，最有成效地报道新闻。这正是本书研究的初衷和出发点。

目 录
CONTENTS

第一章　低碳新闻概说　001

第一节　国内外相关前沿研究　003
第二节　低碳与低碳经济　011
第三节　低碳媒介与高碳媒介　016
第四节　低碳新闻及其含义　024

第二章　低碳新闻与绿色新闻　035

第一节　关于绿色新闻与绿色文化　037
第二节　从"绿色新闻"到"低碳新闻"　038
第三节　低碳新闻距离我们有多远　047

第三章　低碳新闻实现路径　053

第一节　如何实现"低碳新闻"　055
第二节　低碳新闻的测评方法　059
第三节　如何在新闻工作中降低碳排放　064

第四章　低碳新闻与新闻专业主义　　069

第一节　新闻专业主义的产生和发展　　071
第二节　新闻专业主义理论的基本框架　　075
第三节　新闻专业主义的发展困境和前景　　086

第五章　自媒体时代与新闻专业主义　　095

第一节　自媒体与融媒体　　097
第二节　自媒体时代信息传播的方式和特点　　102
第三节　自媒体时代对新闻专业主义的反思　　107

第六章　低碳新闻对新闻专业主义的发展　　115

第一节　低碳新闻对新闻专业主义理论上的发展　　117
第二节　低碳新闻对新闻专业主义实践上的突破　　124

第七章　低碳新闻与平面媒介　　133

第一节　平面媒体含义与范畴　　135
第二节　平面媒体特点和整合趋势　　136
第三节　平面媒体与低碳新闻　　140
第四节　报刊市场竞争与低碳报刊　　146

第八章　低碳新闻与广播电视媒介　151

第一节　广播电视媒介的含义　153
第二节　广播电视媒介的特点及整合趋势　157
第三节　广播电视媒介与低碳媒介　161
第四节　广播电视市场竞争与低碳媒介　164

第九章　低碳新闻与新媒体　167

第一节　新媒体与低碳媒介　169
第二节　对于几种新媒体现象的理论探析　174

参考文献　185
后记　187

第一章

低碳新闻概说

第一节　国内外相关前沿研究

近年来,国内外与低碳新闻相关的研究,可以延伸到关于媒介资源的效能研究和利用开发研究,关于媒介资源管理问题的研究,以及关于媒介的传播效率和效果研究等。国内除了笔者于2010年较早撰文提出"低碳新闻"概念并加以阐释[①],明确提出"低碳媒介"和"低碳新闻"这一学术概念,其他深入研究和探索这一传播现象的学者并不多见。归纳起来,与"低碳新闻"相关的前沿研究主要是:

一、媒介资源优化管理研究

这方面的成果主要见于南昌大学王德华的硕士学位论文《产业化背景下媒介人力资源管理优化策略研究》[②];中国社会科学院段永刚的博士学位论文《大众传播媒介资源配置刍议》[③];李明的学术论文《社会转型期媒介资源分配的现状及

---

① 王晴川、刘佳丽:《低碳新闻:离我们有多远?》,《新闻爱好者》2010年9月(上)。
② 王德华:《产业化背景下媒介人力资源管理优化策略研究》,南昌大学研究生论文库,2008年版。
③ 段永刚:《大众传播媒介资源配置刍议》,中国社会科学院研究生院博士论文库,2001年版。

影响》①等。王德华认为,人力资源是媒介获得竞争优势最重要最根本的资源,提出了媒介人力资源管理的若干原则,主张树立现代人力资源管理意识,重视人力资源管理的基础性工作,设计多元化的激励体系,建立和完善绩效考核机制等。段永刚认为,媒介资源配置是一个全新的课题,对于我国大众传媒产业的发展极具重要的现实意义。他认为,媒介资源是一种稀缺资源,要通过塑造新的媒介市场和市场主体方式转换资源配置机制,可以采取多元经营的方式配置媒介资源。认为在我国存在着媒介资源浪费现象。造成媒介资源浪费的原因主要是:报刊主管制;四级办广播电视制;媒介结构单一;媒介结构趋同,以及内部管理不当;等等。李明认为,在我国,存在着媒介资源分布不平衡现象。主要表现为我国媒介资源社会阶层分布不平衡;我国媒介资源分布区域不平衡。其中又表现为城乡媒介资源分配不平衡,东西部媒介资源分配不平衡。并认为媒介资源分布不平衡给社会带来一定的影响。唐月民撰文指出②,电视台的资源配置很重要,事关电视产业的健康有序发展。在计划经济条件下,电视台资源配置效率不高。唐月民认为,电视台的资源配置必须遵循一定的原则。如:系统化原则、受众中心原则、合适定位原则等。并认为,电视台的资源配置事关国家文化安全,必须确保在国家对电视台的

---

① 李明:《社会转型期媒介资源分配的现状及影响》,《人文论谭》2012年第四辑。
② 唐月民:《试论我国电视台资源配置的优化》,《理论学刊》2008年第4期。

绝对控制之下进行。张君浩、谢誉元在《新媒体时代下电视媒介资源的融合与竞争》①一文中,认为在新闻媒体时代,电视媒体资源配置面临新的竞争和挑战。该文认为在新媒体时代,电视媒介的信息源在不断减少,数字化技术更新日趋紧迫,分众传播成为主流。在新媒体时代,电视媒介资源全面融合的路径是:创新节目内容,强调受众互动参与;依靠电视优质资源,完善台网联动模式;推进数字化网络化进程,构建跨媒介传播平台,走品牌化经营路线,以品牌促宣传。此外,中央电视台海外中心张立勇也强调加强媒介资源管理的重要性。认为"媒介资源管理是媒介战略管理的核心要素"②,媒介不再仅仅是一个微型实体,而是一个多类媒体的联合实体,由此更加需要在宏观上对于媒介资源优化管理。

二、低碳新闻和低碳话语的研究

根据目前掌握的文献资料,在国内,最早明确提出"低碳新闻"概念,并加以系统阐述的,当数笔者于2010年9月(上)在《新闻爱好者》杂志上发表的《低碳新闻:离我们有多远?》③。笔者在该文明确指出,新闻媒体在挖掘低碳素材、传播低碳理念时,首先应反观自身:在报道低碳新闻的同时,新闻也应做到低

---

① 张君浩、谢誉元:《新媒体时代下电视媒介资源的融合与竞争》,《当代电视》2013年第9期。
② 张立勇:《媒介资源管理是媒介战略管理的核心要素》,《新闻传播》2006年第7期。
③ 该文被人大报刊复印资料《新闻与传播》2010年第11期全文转载。

碳。新闻宣传领域应大力倡导"低碳新闻"。笔者认为,"低碳新闻"与"绿色新闻"相互联系,同中有异。"低碳新闻"是新闻工作者在新闻的策划、采访、编辑、加工、合成和传播等活动中,尽量采取低能耗、低污染、低排放的新闻报道方式。也就是说,低碳新闻关注的不仅仅是新闻报道的内容,更关注在新闻的报道和传播过程中,对减少环境污染、能源消耗和最大限度地节能减排所做出的贡献。该文还认为,能够称为"低碳新闻"的报道,也不一定就是关于环境治理、大气污染和生态环保方面的报道。只要符合节能减排精神,减少了碳排放,降低了能耗,就可以称为"低碳新闻"。笔者在文中还呼吁,新闻工作要践行"低碳",厉行"减排",最为根本的还是要建章立制,依靠制度去贯彻落实。

洛阳师范学院贾焕杰撰文[1]分析了低碳新闻报道中的名词化现象。其认为中国关于低碳新闻的报道,"低碳话语"已经深入人心,彰显了中国政府向国际社会承诺率先减排的决心,彰显了担当可持续发展的领导者的形象,揭示了"低碳话语"赢得强势空间的时代意义。

锦州广播电视台杨蕾也认为,新闻传播要贯彻低碳的原则。其在《新闻也要低碳》[2]一文中指出,新闻宣传领域也需要"低碳"。她认为,可以从狭义和广义两个方面来理解什么是"低碳新闻":狭义上讲,凡是以环境保护、节能减排为主题的

---

[1] 贾焕杰:《低碳新闻话语的名词化研究》,《山西煤炭管理干部学院学报》2011年第3期。
[2] 杨蕾:《新闻也要低碳》,《记者摇篮》2013年第3期。

新闻报道即是低碳新闻；广义上讲，凡是在新闻采、编、播过程中践行低碳理念的新闻报道都是低碳新闻。杨蕾提出，每一位新闻工作者都要身体力行，从点滴做起，把低碳变为一种生活和工作方式，并把这种好的习惯在新闻的采、编、播等各个环节坚持下来。

曹晓娟、方允仲在《在低碳化转型中打造新闻出版强国——关于建立新闻出版业低碳产业体系的思考与建议》一文中，也探讨了低碳传播问题。他们认为新闻出版行业在低碳发展模式中应该有所作为。他们提出，"尤其是在采编、出版、复制、物流、零售等环节开展节能、减排、降耗，通过观念转变、制度设计、技术革新，实现采编无纸化、出版低碳化、用纸再生化、油墨无公害化、工艺绿色低碳化，推进低碳图书物流、低碳图书卖场建设，并采用数字出版等低碳新媒体形式，发展出版产业中的绿色经济、循环经济、低碳经济，引导广大读者进行绿色阅读、低碳阅读，推行低碳读书生活和低碳读书消费"[1]。他们还提出，新闻出版行业作为文化产业在我国的低碳发展模式中，将成为国民经济重点发展领域。曹晓娟、方允仲还在文中建立了新闻出版业低碳产业体系的基本框架，即横向框架、纵向框架。提出了新媒体背景下构建低碳新闻出版体系的技术路径。如：手持阅读终端、网络在线出版、数据库出版方式、工具书在线、提供按需印刷业务、建立网络图书馆模式。

---

[1] 曹晓娟、方允仲：《在低碳化转型中打造新闻出版强国——关于建立新闻出版业低碳产业体系的思考与建议》，《中国出版》2010年第23期。

三、新闻素材的利用问题和新闻报道"高碳现象"研究

在国内,已经有一些学者和新闻工作者注意到,应该有效利用新闻素材和新闻资源,减少新闻素材和新闻题材的浪费。有的学者强调对于新闻素材要有效利用。刘俊娟在《浅析新闻素材的有效利用》[①]一文中指出,加强新闻材料的有效利用,既是提高新闻效率的要求,也是提高采访质量的要求。该文认为,要提高素材的使用效益,一要做到珍惜每一次采访,注重积累新闻素材;二要勤于梳理,提高材料的利用率;三要巧加利用,提高材料的回收率;四要强化记忆,沙里淘金。

除笔者外,也有学者注意到新闻报道领域的"高碳现象"。林霞在《浅谈新闻报道中的"非低碳"现象》[②]一文中,指出在我国的新闻宣传和报道领域,普遍存在着"非低碳"甚至"高碳"现象。具体表现为:题材浪费;素材浪费;线索浪费;采访对象浪费;新闻报道活动无目的、无准备、无策划;采编播过程中的其他浪费现象;人员浪费;版面或节目时段的浪费;会议信息的浪费;等等。林霞认为,新闻工作者应自觉树立低碳意识,在社会上率先践行绿色、环保、节能、减排的低碳理念;低碳理念应贯穿于新闻工作的每一个环节之中;新闻媒体要教育记者编辑养成良好的"低碳"和"减排"的习惯。

---

① 刘俊娟:《浅析新闻素材的有效利用》,《新闻传播》2011年第6期。
② 林霞:《浅谈新闻报道中的"非低碳"现象》,《中国广播》2011年第6期。

四、环境新闻和绿色新闻研究

环境新闻的提法由来已久。国内外已经有不少学者对于环境新闻进行了比较全面深入的研究。美国是公认的最早研究环境新闻、最早实践环境新闻并最早开展环境新闻教育的国家。早在1996年,美国的北亚利桑那大学传播学院就成立了"环境传播资源中心"(Environmental Communication Resouce Center),并把环境新闻纳入传播学领域。最早给环境新闻下定义的是美国学者亨丁·迈克奴森(Hendin Magnusson),他说过:"还有哪一个新闻不是环境新闻?……环境是我们生活的世界,生态与生命相连——人类、动物、植物都与环境有关。当有人讨论环境新闻的时候,我猜想他是指关于生态关系恶化的新闻。这种曾经精细的生态平衡所遭受的破坏之消息。"[1]美国另一位著名的环境新闻学家迈克尔·弗洛姆(Michael Frome)给环境新闻下的定义是:"环境新闻是在调查研究的基础上,一种有目的的,为公众而写的,以充分准确的材料为依托,反映环境问题的新闻作品。"[2]

在我国,环境新闻和绿色新闻的渊源很深。有的学者几乎把环境新闻等同于绿色新闻。还有人把环境新闻和绿色新闻作为新闻报道的一种基本类型来看待。暨南大学硕士生袁端

---

[1] Hendin Magnusson, "Envionmental reporting ... the shrill voices sometimes get more credence than they deserve", *The Quill*, Agu, 1970.

[2] Michael Frome, Green lnk: *An Introduction to environmental Journalism*, preface, University of Utah Press, 1998, p. IX.

端在其硕士毕业论文《低碳经济背景下绿色新闻的理念和方式创新》[①]中，专门研究了绿色新闻问题。其论文较为完整地论述了中西方绿色新闻发展演变历史和现代轨迹，全面探讨了绿色新闻的功能和发展方向。该文认为，绿色新闻是有别于环境新闻和科技新闻的新闻门类。并为绿色新闻总结了8个标准和10个发展趋势。袁端端认为，绿色新闻的社会功能主要是：政策制定；经济价值；生态价值；教化功能；审美价值；社会行动价值。

铁铮主编的《绿色传播论》[②]一书，提出了绿色文化概念，并研究了绿色文化传播问题。该书认为，绿色文化传播具有信息传递、政策导向、科普教育、公益号召和文化传承等功能。大众传媒在绿色文化传播中负有社会责任。当前，大众传媒在绿色文化传播中存在的问题主要是：大众传媒绿色文化意识欠缺；专业媒介力量不足；绿色文化传播内容存在误区；绿色文化传播总量不足；媒介绿色文化传播面临经济挑战。该书还探索了我国节能减排理念的大众传播研究，我国自然灾害报道的现状及策略研究，环保NGO的传播行为及效果研究等问题。

王积龙在其著作《抗争与绿化——环境新闻在西方的起源、理论与实践》[③]中，系统考察了环境新闻在西方的发展历史。

---

① 袁端端：《低碳经济背景下绿色新闻的理念和方式创新》，暨南大学硕士论文库，2012年。
② 铁铮主编：《绿色传播论》，光明日报出版社2014年版，第46—50页。
③ 王积龙：《抗争与绿化——环境新闻在西方的起源理论与实践》，中国社会科学出版社2010年版，第21—26页。

从新闻学的角度，探讨了环境新闻的本质特征和理论范畴。该书还研究了西方环境新闻的采访、写作、编辑等工作流程，以及西方环境新闻的大学教育问题，探索了环境新闻与西方社会的关系。王积龙在其著作中，将西方的环境新闻学研究梳理为7个方向：环境新闻史研究；环境新闻理论研究；环境新闻采访与写作研究；环境新闻的媒体编辑研究；环境新闻教育研究；环境新闻与社会及新闻自由研究；环境新闻的跨文化研究。

第二节　低碳与低碳经济

众所周知，21世纪以来，人类已经进入倡导"低碳经济""低碳城市""低碳社会""低碳生活"的时代。"低碳"的概念，近年充斥于国内外众多媒体、论著、会议和研究报告之中。研究低碳现象，导入低碳理论，一时间也成为许多专家学者关注的热点。实际上，低碳概念的提出，跟全球气候变暖、人类社会对于二氧化碳的排放增加有很大关系。早在1997年，美国就有2 500多位经济学家共同呼吁，市场政策是减缓气候变化的有效方法，要求政府采取应对气候变化的有效政策。美国学者拉美西斯·拉西地（Ramesses）撰文指出，发达国家将高能耗、高污染、高排放企业转移到发展中国家，造成发展中国家温室气体排放增加，因此发达国家应在气候变暖方面承担主要责任。可以说，低碳问题，以及减少碳排放，降低消耗，跟各行各业都有关系。当然，新闻传播行业也不例外。

"低碳"一词,最早见于2003年英国政府的报告《我们能源的未来:创建低碳经济》。作为第一次工业革命的先驱和资源贫乏国家,英国充分重视能源安全和气候变化的威胁。"低碳"(low carbon),意指较低或最低的温室气体(以二氧化碳为主的废气)排放[1]。"低碳经济",是指在可持续发展理念指导下,通过技术创新、制度创新、产业转型、新能源开发等多种手段,尽可能减少煤炭、石油等高碳能源消耗,减少温室气体排放,达到经济社会发展与生态环境保护双赢的一种经济发展形态[2]。低碳经济是以低能耗、低污染、低排放、高效率为指标体系的经济发展模式,是人类继农业文明、工业文明之后的又一重大文明标志。低碳经济关注的是对于能源的有效利用,追求的是绿色GDP,核心是降低消耗和产业结构转型,最终实现人类生存方式和发展理念的转变。"低碳经济"一般是指碳排放量、生态环境代价及社会经济发展成本最低的经济形态。有学者指出,"低碳经济是一种以低能耗、低污染、低排放为特点的发展模式,是以应对气候变化、保障能源安全和促进经济社会可持续发展有机结合为目的的规制世界发展格局的新规则"[3]。还有学者认为,"'低碳经济'旨在围绕整个经济活动,在生产和消费的各个环节全面考虑温室气体排放,主要体现在对能源生产和消费作出更加

---

[1] 王晴川、刘佳丽:《低碳新闻:离我们有多远?》,《新闻爱好者》2010年9月(上)。
[2] 王新民、崔素萍等编著:《低碳经济百问》,中国建筑工业出版社2010年版,第1页。
[3] 袁男优:《低碳经济的概念内涵》,《城市环境与城市生态》2010年第1期。

有效率的选择，以求达到最小的温室气体排放量"①。

碳排放与气候变暖、人类生存环境恶化有直接关系。全球气候变暖是一个关系人类生存命运的重大问题。有迹象表明，100年来，尤其是工业革命之后，全球平均气温升高加快。减少碳排放，遏制气候变暖，是全人类共同面对的话题。2007年7月，美国参议院提出了《低碳经济法案》②，表明低碳经济发展道路从那时起已经成为美国经济发展的重要战略。在发达国家中，美国较早以立法形式确定减排任务。为推进全球节能减排，减缓地球升温危机，联合国曾多次举行重要的环境安全和气候变化会议③。2007年12月在巴厘岛举行的联合国气候变化大会，

---

① 林伯强：《"低碳经济"究竟该如何定义？》，《第一财经日报》2009年9月28日第A14版。
② 2007年7月，美国参议院提出了《低碳经济法案》。2009年9月，美国众议院投票通过了《美国清洁能源安全法案》。该法案提出了以总量限额交易为基础的减少全球变暖计划，将通过创造数百万的新就业机会来推动美国的经济复苏，通过降低对国外石油依存度来提升美国的国家安全，通过减少温室气体排放来减缓地球变暖。美国的《低碳经济法案》也是一部综合性的能源立法。
③ 在联合国倡导下，《联合国气候变化框架公约》(United Nations Framework Convention on Climate Change, UNFCCC)已经连续20年举行世界气候会议。如：1995年，在德国柏林，举行UNFCCC第一次缔约方会议，通过《柏林授权书》；1996年，举行日内瓦会议；1997年，举行京都会议，通过《京都议定书》；1998年，举行布宜诺斯艾利斯会议；1999年，举行伯恩会议；2000年，举行海牙会议；2001年，举行摩洛哥会议；2002年，举行新德里会议；2003年，举行米兰会议；2004年，再次举行布宜诺斯艾利斯会议；2005年，举行蒙特利尔会议；2006年，举行内罗毕会议；2007年，举行巴厘岛会议，制定了著名的"巴厘岛路线图"；2008年，举行波茨南会议；2009年举行哥本哈根会议；2010年举行坎昆会议；2011年举行德班会议；2012年举行多哈会议；2013年举行华沙会议；2014年在联合国总部举行纽约会议。

通过了应对气候变化的谈判决议,制定了"巴厘岛路线图"①,要求发达国家在2020年前将温室气体排放减少25%—40%。"巴厘岛路线图"对于世界各国执行减排路线有重要影响。

目前,国际上用一个国家的碳排放总量来衡量这个国家的能源消耗量。"巴厘岛路线图"为全球范围内实现节能减排指明了方向,具有里程碑意义。此外,在2008年7月的G8峰会上,八国表示将连同其他签约国,争取在2050年将全球温室气体排放降低50%。

近年来,气候问题已经与世界经济、国际政治紧密交织在一起。2009年12月,联合国在丹麦首都哥本哈根召开了世界气候变化大会,通过了《哥本哈根协议》;2010年12月上旬在墨西哥坎昆举行的联合国气候变化大会,有一万多名代表参加。虽然坎昆会议的决议并不完美,没有解决根本的分歧问题,但是《京都议定书》②的内容得到了坚持。尽管这两次会议对于世界气

---

① 2007年12月,联合国气候变化大会在印尼巴厘岛召开,来自《联合国气候变化框架公约》(United Nations Framework Convention on Climate Change,UNFCCC)的192个缔约方以及《京都议定书》176个缔约方的1.1万名代表参加了此次大会。这也是联合国历史上规模最大的气候变化大会。会议期间,各个国家由于立场上的重大差异展开了激烈交锋。2007年12月15日,经过持续十多天的马拉松式谈判,联合国气候变化大会终于通过名为"巴厘路线图"的决议。其目的在于针对气候变化全球变暖而寻求国际共同解决措施。"巴厘岛路线图"是人类应对气候变化历史中的一座新里程碑。

② 《京都议定书》(Kyoto Protocol,全称《联合国气候变化框架公约的京都议定书》,又称《京都协议书》《京都条约》)是《联合国气候变化框架公约》的补充条款,于1997年12月在日本京都由联合国气候变化框架公约缔约方制定通过。其目标是"将大气中的温室气体含量稳定在一个适当的水平,进而防止剧烈的气候改变对人类造成伤害"。

候问题的解决没能获得突破性进展,但是,发展"低碳经济",促进节能减排,降低碳排放,已经在世界各地深入人心,引起人们的普遍关心和重视。2010年上海世博会的举办,对于中国而言,是倡导建设低碳社会的一个重要标志,标志着低碳生活、低碳城市的理念,在中国已经被人们广泛接受和认可。

近年来,中国经济发展很快,GDP增长迅速。中国作为世界上最大的发展中国家,已经成为全球气候政治中的"大户"。有专家指出,"从碳排放的总量上看,随着中国经济快速发展和城市化进程,能源消费和温室气体排放快速增长,中国的碳排放跃居世界第一,且有继续上升的趋势"[①]。中国作为发展中大国,在节能减排、减少碳排放方面,负有重要责任和义务。促进生态文明、构建和谐社会是建设中国特色社会主义的重大战略任务,也是对我们党执政能力的重大考验。对于保护环境安全,促进生态文明,党和政府已经给予了充分认识与高度重视。

进入社会主义新时代,党和国家更加重视生态文明建设。党的十八大报告从生态文明和实现中华民族伟大复兴梦的高度认识这一问题:"建设生态文明,是关系人民福祉、关乎民族未来的长远大计。面对资源约束趋紧、环境污染严重、生态系统退化的严峻形势,必须树立尊重自然、顺应自然、保护自然的生态文明理念,把生态文明建设放在突出地位,融入经济建设、政治建设、文化建设、社会建设各方面和全过程,努力建设美丽中国,实

---

① 张胜军:《讲好气候政治,延续中国崛起》,《环球时报》2010年11月30日第14版。

现中华民族永续发展。"

党的十九大报告提出："必须坚持节约优先、保护优先、自然恢复为主的方针，形成节约资源和保护环境的空间格局、产业结构、生产方式、生活方式，还自然以宁静、和谐、美丽。"十九大报告还强调："倡导节约适度、绿色低碳的生活方式，反对奢侈浪费和不合理消费，开展创建节约型机关、绿色家庭、绿色学校、绿色社区和绿色出行等行动。"

人与自然的和谐是和谐社会的重要组成部分。要实现人与自然的和谐，必须大力发展低碳经济。发展低碳经济，建设低碳社会，促进生态文明，在新闻宣传领域也大有可为，而且必须有所作为。这也是新闻宣传工作所应当担负的一项重要社会责任。笔者以为，在新闻宣传领域推行低碳新闻、倡导节能减排，已经到了刻不容缓的时候。新闻媒介不仅要为建设低碳社会和促进低碳经济发展摇旗呐喊，积极宣传，更要身体力行，带头实践。倡导低碳新闻，践行低碳新闻，推广低碳新闻，是大众媒介和新闻工作者应尽的责任与义务。笔者呼吁，新闻宣传领域应倡导低碳新闻，提倡节能减排，尽量减少新闻报道和传播中的碳排放，为和谐社会和低碳社会建设做出应有的贡献。

第三节　低碳媒介与高碳媒介

众所周知，报纸、广播、电视等大众媒介具有"二重性"，即具有政治属性和经济属性、事业属性和产业属性、商品属性和喉舌属性。媒介的"二重性"要求新闻宣传工作既要讲社会效益和宣传效益,也要讲经济效益和市场效益。由此,长期以来,我国的新闻宣传管理体制一直实行的是"事业化性质、企业化管理"。即报纸、广播、电视等大众传播媒介属于公共事业,政府为出资人和管理主体,但是管理方式实行企业化管理。应该说,这种管理体制在总体上符合中国国情,也是媒介的"二重性"的本质要求使然。媒介的"二重性"和"事业化性质、企业化管理"的管理体制,本质上要求新闻工作应该在满足社会效益要求、实现宣传目标的同时,尽量减少碳排放,降低能耗,生产"低碳新闻"和"低碳内容",打造"低碳媒介",从而最大限度地提高媒介的投入产出比率,实现经济效益和社会效益双促进、两不误。

然而在实际工作中,我国的新闻宣传领域一直普遍存在着"多碳"和"高碳"(即碳排放过多和过高)现象[1]。如:

一、"小题大做"、"短题长做"

新闻媒体,无论是广播电视报纸等传统媒介,还是手机、网络等新兴媒介,都是社会稀缺资源。媒介传播的内容,包括新闻报道,都应"量体裁衣""看菜吃饭"。然而,在我国许多报纸新闻和广播电视新闻中,经常出现"小题大做""短题长做""一题多做"甚至"无题也做"的情况。有的新闻报道,明明用500个字就可以把新闻的基本要素交代清楚了,但是有的记者非要

---

[1] 本节部分内容此前已发表。参见:王晴川、刘佳丽《低碳新闻:离我们有多远?》,载于《新闻爱好者》2010年9月(上)。

刻意拉长、灌水，弄成长篇大论；有的电视新闻用一分钟就能够说明白了，却要搞成3分钟、5分钟甚至更长，使得报道效果大打折扣。至于有的题目要做成"连续报道""跟踪报道""系列报道"乃至"深度报道"，完全凭记者的主观意愿或某个领导的一句话，而不是看新闻素材和新闻事实的本质要求。有的新闻报道为了突出重要性、深度性或全面性，甚至无病呻吟，做成了系列报道或连续报道。而那些应该做成连续报道、系列报道和深度报道的题材，有时候却被忽略了。其结果是，浪费了版面或宝贵的时间资源，新闻的价值被稀释，白白增加了人力、物力和时间的耗费，而宣传报道效果却大打折扣。还有的采访报道明明派出一两个记者就能完成报道任务了，结果为了显示重视，显摆阵容，派出一个强大的采访团，"长枪短炮"，浩浩荡荡，造成了不必要的浪费。至于无中生有、凭空杜撰的"假新闻"，不仅从根本上背离了"低碳理念"，更为新闻专业主义和新闻工作者职业道德准则所不容。在新闻宣传的实际工作中，"用力过猛"和"用力不足"的情况普遍存在。

二、"一题多做"、"无题也'做'"

所谓"一题多做"，就是有的新闻媒体和新闻记者，对于同一个选题，往往从不同的角度、侧面和立场，反复报道、重复报道，连篇累牍不厌其烦地报道。如果这一选题属于重大新闻或热点事件倒也可以理解，但是，很多情形下，记者对于一些鸡毛蒜皮的小事也要搞"系列报道"、"深度报道"。有的记者在采访中，为了做成所谓的"深度报道"，就某一个简单问题，往往采访好几个人，以为采访对象多了就成深度报道了。还有的摄像（摄影）记者根本不做有心人，不会积累和利用资料，同一个场景的镜头，明明自己最近刚拍过，非要重新再拍摄一次。有的电视台或广播台由于自办节目少，自制节目力量弱，节目重播量很大，同一则新闻一天要反复播报五六次，甚至更多，而实际上到底有几个人在收听或收看这样的节目，或许只有天知道。由此造成"一题多做""一题多播"，带来无谓的浪费。此外，新闻从业人员都知道，新闻媒体会议特别多。记者、编辑、老总们要经常参加各种各样的会议，如策划会、选题会、编前会、编后会、编务会、总结会、研讨会，等等。有的会议本来十分钟就能搞定，非要开上一个小时。还有的会议从早上开到黄昏，一直弄到人困马乏。一些媒体的记者、编辑们经常被要求加班、熬夜，节假日得不到休息，长年处于亚健康状态。虽说经常加班是新闻行业的特点使然，但是一些不必要的加班和过度加班的情况还是应该避免的。一些人就经常抱怨，说新闻这一行是"把女人当男人使，把男人当驴子使"。实际上，这些跟不必要的加班、空耗、瞎折腾，甚至是"无题也做"有很大关系。

三、过度耗用采编设备和器材

在我们的新闻宣传工作中，经常出现记者、编辑过度使用采访、摄像（摄影）、编辑和制作设备及器材的情况。比如，有时候拍摄1条电视新闻，携带1台摄像机就可以了，却带了2台；携带5盘磁带或5张存储卡就足够了，却携带了10盘磁带或10张存储卡；不需要使用新闻灯的场合，却打开了新闻灯；还有的摄像记者在现场发现,摄像机电池事先没有充电,结果无法正常工作,造成耗时窝工;至于采编器材、编辑室、演播室设备长期不保养甚至长时间空运转的情况,也是经常发生的。如此等等,司空见惯。这种过度使用甚至滥用采编设备与器材资源的情况,在新闻工作中是大量而经常发生的。过度耗用和滥用新闻器材,必然会造成能源和资源的浪费,增加了制作成本,降低了工作效率和经济效益,产生了不必要的消耗。

四、前期的过度采访和过度拍摄

在新闻的采访、摄像(摄影)、录音等前期工作中,有时候存在着过度采访和过度拍摄等问题。所谓过度采访,就是记者在采访中过度耗费时间和精力。比如就一个问题,本来采访一个或两个人就可以了,结果采访了四五个人;在采访某个采访对象时,本来提出一两个关键问题就行了,结果提出了一大堆无关紧要的问题,造成大家时间和精力上的浪费,使得采访效率大大降低。在前期拍摄中也经常存在着这样的问题。摄像记者拍摄了一大堆无用和无效的镜头,而需要拍摄的内容却没有拍到,或者没有拍好。过度采访和过度拍摄的结果,就是做了一堆无用功,时间、精力花费不少,但是事倍功半,效果不好,白白耗用了能源和资源,增加了碳排放。

在电视新闻工作中,前期的过度采访和过度拍摄还表现在,摄像师在拍摄镜头时,过多地使用运动镜头和变焦镜头。一般来说,电视新闻应多录制和使用固定镜头,慎用推拉摇移等运动镜头。因为,1个完整的运动镜头应有起幅、运动过程和落幅

3个环节,在正常情况下,完成一个运动镜头应至少摄录15—20秒。在后期编辑和制作过程中,一般应至少使用10—15秒的有效运动镜头。否则会出现运动镜头失全的情况,造成视觉上的跳跃和理解上的混乱。由此,为了便于后期制作和加工,尤其是为了利于产生视觉上的稳定和舒适感,提高镜头利用率,电视新闻的前期拍摄应考虑多用固定镜头。这样做的结果,不仅能够提高后期编辑和制作的工作效率,还能够降低能耗,减少碳排放。

五、新闻报道活动无目的、无准备、无策划

有的记者在得到新闻的采访线索或接收到采访指令后,连最基本的采访准备都不做,就匆忙出发,仓促上阵。待赶到现场后,才发现跑错地方了,或忘记带采访本了,忘记带采访话筒了,忘记带三脚架了,等等。有的记者采访前不做任何策划和案头准备工作,相信"车到山前必有路",一切指望到了新闻现场再说,结果发现到了现场很多情况都在自己的意料之外,记者连最基本的情况都不了解,甚至感到采访工作无法下手。这种"车到山前必有路"的结果就是:无路可走、死路一条。由于事前无准备、无策划而导致采访半途而废的情况,以及由于准备不足而需进行二次采访的现象,在新闻界司空见惯。这种情况也是对人力、物力和精力的很大浪费。

六、后期的过度加工和修饰

新闻作品要忠于客观事实,真实反映事物的原貌。这是新闻的基本属性(即客观性、真实性)所要求的,也是传统新闻专

业主义所一贯主张的报道理念。而在后期的编辑、制作过程中，一些新闻作品被过度加工和修饰，比如，字幕过多、特技过于复杂、镜头剪辑和组接过多等。又如，不需要加按语和评论的，结果画蛇添足地加上了按语和评论。这样做的结果，不仅有害于新闻的真实性，降低了传播效果，而且投入了过多的人力和精力，增加了能耗与碳排放。

七、投入过多人力资源和时间资源

在新闻宣传领域，人才是最宝贵的资源。人才不仅是第一生产力，还是非常稀缺的智力资源。对于新闻媒体来说，记者、编辑、主持人、摄像师和工程技术人员中的精英骨干，都是行业中不可多得的人才。同样，记者、编辑、主持人等新闻人才的时间和精力，以及他们的体力和健康情况，也都是媒介的宝贵资源，不可滥用和过度消耗。而在很多新闻媒体中，记者、编辑、主持人等除了要完成核定的工作任务之外，还要无休止地参加很多会议或活动，精力和体力严重透支，身体亚健康状态普遍存在。此外，在新闻工作中，还经常出现投入过多人力和时间资源的情况。比如，为了完成一个采访任务，本来派出2个人到新闻现场就可以了，结果派出了4—5个人，甚至更多；本来2个小时就能完成的新闻采访，结果拖拉了半天时间。在新闻宣传领域，这种过度透支记者编辑体力和精力的现象，也是比比皆是，司空见惯。

八、采编播过程中存在的其他浪费现象

众所周知，许多新闻媒体，尤其是电视台这样的大投入、重

装备、高科技媒体,简直就是"烧钱机器"。这样的传媒机构,日常碳排放量已经不少了。而在媒体的日常工作和各生产环节中,还存在着很多"高碳"行为和现象。如在新闻单位或采访现场,几乎到处可以见到浪费现象:有的采访本只用了几页就扔掉了,有的雪白的纸张只写几个字就躺在垃圾箱里了,有的编辑机在整天运转,有的摄像机刚用了三两年就"被"报废了,有的电脑永远不会关机,有的工作室的灯光则成了"长明灯"……还有的摄像记者喜欢在新闻现场推拉摇移乱拍一通,结果带回来的素材大多数用不上,而真正需要的镜头又没有拍到。此外,还有的记者喜欢出差时带上很多根本用不到的东西,虽说是"未雨绸缪",实则是不必要的劳心劳力。诸如此类的"非低碳"和"高碳"现象在新闻行业可谓司空见惯、俯拾皆是。我们的新闻工作者几乎都在叫嚷着"忙",殊不知,很多情况下都是劳而无功,是在做消耗能源和能量的无用功。

　　以上列举的一些现象,都是在新闻宣传领域经常出现的"高碳现象"。"高碳现象"还有很多种表现和反映。如果仔细审视,在每一天,几乎每一个媒体的每一个工作环节,都有额外浪费资源和增加能耗的"高碳现象"和"高碳行为"。对于电视台这样重装备、高投入的媒体来说,更是如此。长此以往,一年额外增加的能耗和浪费将是惊人的。而对于全国来说,如果在新闻宣传领域开始重视低碳和节能减排问题,一年下来节省的费用以及额外增加的经济效益相信会是一个天文数字,新闻媒介的社会效益和传播效果也会大幅度提升。所以,倡导"低碳新闻""低碳内容""低碳媒介"建设,将是一件利国利民的大事。

第四节　低碳新闻及其含义

一、低碳新闻的含义

有鉴于低碳生活、低碳媒介的重要性,笔者认为,新闻行业实在有必要倡导和践行"低碳新闻"。

"低碳新闻"是从"低碳经济"延伸出来的一个概念。从"低碳经济"这一范畴中不仅可以引申出"低碳新闻"的概念,还可以引申出"低碳传播""低碳媒介""低碳信息""低碳内容""低碳报纸""低碳广播""低碳电视""低碳网络",以及"低碳采访""低碳镜头""低碳编辑""低碳制作"等衍生概念。

由此可以判断,低碳新闻不仅是低碳经济和低碳生活的一个组成部分,也是低碳媒介建设所应考察的一个重要指标。笔者认为,低碳新闻是新闻工作者在新闻的策划、采访、编辑、加工、合成与传播等实践中,所尽量采取的低能耗、低污染、低排放的新闻报道方式[1]。其实质是在新闻传播活动中,以尽可能少的碳排放量和物质能量消耗,最大限度地提高新闻传播效率,增进社会效益。所以,与其说低碳新闻是一种新的新闻传播形态,不如说是一种新的传播理念、传播方式,是低碳意识在新闻传播领域的自觉贯彻。具体地说,可以从以下几个方面理解低碳新闻的概念和含义:

---

[1]　王晴川、刘佳丽:《低碳新闻:离我们有多远?》,《新闻爱好者》2010年9月(上)。

(一)低碳新闻是一种新闻传播实践活动

作为一种社会生活现象,低碳新闻是指那种以尽可能少的投入,产生最大经济效益和社会效益的新闻传播实践活动。也就是说,低碳新闻首先是一种社会活动和传播过程。这个过程既包括新闻策划、采访、制作等前期阶段,也包括传输、发行、反馈等后期阶段。每一个阶段的参与人和主导者不尽相同。如在电视新闻策划阶段,参与人主要是策划人员、记者、编导,采访阶段主要是记者、摄像师、采访对象;制作阶段主要以编辑和后期制作人员为主;传输阶段主要依靠工程技术人员;而在反馈阶段,则主要与通联记者、统计员和受众进行沟通联系。所以,低碳新闻的生产和传播,主要以记者、编辑、工程技术人员等媒体工作者为主,社会相关人员和广大受众则起到配合与辅助作用。低碳新闻的生产与传播流程如图1-1所示:

图1-1 低碳新闻的生产与传播流程

图 1-1 示意说明了低碳新闻在生产和传播中的发生作用与工作机理。在图 1-1 中，"低碳新闻"是一个核心概念。就工作流程来说，先是从"低碳新闻的策划与准备"出发，到"低碳新闻的生产"，再到"低碳新闻的传播"，经由受众的反馈后，再到低碳新闻的再策划与再生产。如此循环往复，构成一个互相促进和补充的生产系统。当然，这个示意图在内容上是简略的。如果具体来说，还可以包括以下内容：

（1）低碳新闻的策划与准备。意指在新闻策划、方案构思和准备过程中，要考虑到在满足报道任务的前提下，尽可能减少报道程序和采访环节。如设计好科学合理的采访路线和采访秩序，按照经济节约的原则安排采访报道行程等。

（2）低碳新闻的生产。意指在低碳新闻的采访、报道、制作、编辑和加工过程中，要节约一张纸、一支笔、一个镜头、一个版面、一张照片，等等。生产环节是低碳新闻生产流程中最主要的环节。这一环节如果能够控制得好，将能够大大降低整个内容和节目生产中的能耗。

（3）低碳新闻的传播。在低碳新闻的传播过程中，会有不同的社会群体或个体参与进来。如：记者、编辑、采访对象、采访线索提供者、受众、媒介管理人员等。不同的个体和角色发挥着不同的作用。其中，新闻工作者是低碳新闻的直接执行者和实现者。低碳新闻活动能否顺利推进，主要还是依靠记者、编辑等新闻工作者。在这一过程中，传播环节复杂，连接点众多，参与人员多样。每个参与人员和环节，都应做到尽可能地减少消耗与浪费。

（4）低碳新闻的反馈。是指在新闻传播出去之后，受众参与内容和信息的反馈及沟通。如通过读者来信、来电、电子邮件，甚至当面交流，来表达对于获取信息的态度和意见。这一过程属于新闻信息传播的末梢。低碳新闻在反馈过程中，也主张减少消耗和浪费。比如，可以用电子邮件的，就不使用通信和电话的方式。

（5）低碳新闻的再策划与再生产。这是低碳新闻生产和传播过程中的重复回环活动。新闻媒介的生产，往往都是周而复始的。报纸、杂志一般都有固定的出版发行周期。广播电视则有固定的播出时间。广播电视的栏目和节目，就使新闻的再策划和再生产成为一种固定的形态。在这往复不断的循环传播过程中，低碳新闻要求做到尽可能地减少消耗和浪费。

（二）低碳新闻是一种报道方式

低碳新闻是一种注重节约和减排的新闻报道策略与方法，是新闻工作者在新闻实践中，所采取的一种尽可能节约的报道方式。在低碳新闻的报道过程中，从新闻的策划、采访、摄像（摄影）、编辑、撰稿、加工，到印刷、播送、发行、反馈等每一个环节，都体现着低碳的理念和作为。新闻媒体应建章立制，并不断告诫记者、编辑等员工：在新闻报道的每一个环节节约了吗？低碳了吗？减少浪费了吗？

通常情况下，一则低碳新闻报道应该这样构成：

前期的适度策划+精干的采访小组+采访设备的合理

投入＋后期的适当加工＋便捷有效的信息播送＋适度的受众调查和反馈

在低碳新闻的每一个报道环节中,新闻媒体都应尽量做到低排放和节约化。由此,低碳新闻可以说是一种最节约和最经济的报道方式。在这种报道方式中,新闻的基本要素得到了体现,报道目的得到了实现,但是报道的投入却尽可能地做到了最少。可以说,低碳新闻报道的最终目的,就是"排最少的碳,做最好的新闻",或者是"以最小的代价,做最多的新闻"。低碳新闻就是要以最少的投入、最小的碳排放和最节能的方式,最大限度地提高新闻的传播效果和社会效益。实现投入产出比率的最优化。

（三）低碳新闻是一种新闻宣传理念

低碳新闻还是一种新闻理念和新闻意识。以往,新闻媒体和新闻工作者在新闻报道中,总以为报道得越多越好、越详尽越好、越细致越好。而低碳新闻则提倡,要适度报道、简约报道、节能报道。在新闻报道中,既要减少物质、资金、能源的耗费,也要减少对于新闻工作者体力、精力、时间的消耗。这也属于新闻媒体讲求经济效益和社会效益的一部分。以往,我们的很多新闻报道,往往在新闻策划和报道过程中,更多从狭隘的角度考虑报道的新闻价值和社会效益,很少考虑其投入成本和经济效益。在有的时候,是根本不计成本的,更不会考虑碳排放和记者编辑投入的时间与精力问题。诚然,新闻报道确实需要把政治影响、社会效益放在第一位,但是在保障社会效益的同时,也应该兼顾报道的投入成本和减排问题。而不能以社会效益优先为由,置节能减排和采编人员的健康于不顾。在新闻宣传工作中,要在时时处处做到节能减排,实现低碳新闻,归根到底是新闻工作者要具有低碳意识,在新闻工作和实践中贯彻低碳理念。

二、低碳新闻的特点

与以往的传统新闻传播方式相比,低碳新闻有其独有的特点和品质。这也是笔者极力倡导低碳新闻的地方。笔者认为,低碳新闻是最能够体现效率和平等精神的新闻传播方式。如果全国的新闻界和新闻工作者都积极倡导与践行低碳新闻,带来的将是新闻界革命性的变化。低碳新闻是能够颠覆传统新闻理念和传播方式的新闻。当然,低碳新闻所具有的特点,也是传统新闻所不具备或无法比拟的。低碳新闻的特点主要是:

(一)低碳新闻具有经济性

低碳新闻是经济学、管理学与新闻传播学嫁接的产物。低碳新闻是在最大限度地节约能源和新闻资源的条件下,生产出来的"经济型"新闻,是能耗比最小的新闻,也是"最经济""最划算"的新闻。与传统的不计成本、不计价格的新闻生产相比,低碳新闻在每一个生产环节上都讲求投入与产出效率,讲求降低消耗,力求用最少的人、最短的时间、最小的花费和投入,生产出最有效果的新闻。所以,低碳新闻首先算的是"经济账",讲求的是在能源消耗方面、资源消耗方面、时间消耗方面的投入与产出比。低碳新闻要求新闻工作者首先具备经济意识和成本核算意识。低碳新闻主张,检验新闻传播效果的最有效方法,就是算清楚经济账。那种花费很少、投入很少、到达率高的新闻,无疑就是好新闻和有价值的新闻。

(二)低碳新闻具有简约性

低碳新闻,主张尽量简化新闻报道。简单、简化、简洁、简朴、简略,是低碳新闻所提倡的。低碳新闻主张:能够用一个镜头交代清楚的,决不用两个镜头;能够用一分钟完成报道的,决不用两分钟。低碳新闻主张将新闻报道简化到极致。对于深度报道、系列报道和长篇大论,低碳新闻是持谨慎态度的。对于毫无意义的灌水、拉长和拖沓新闻稿现象,低碳新闻更是不能容忍的。所以,低碳新闻在本质上与长篇报道有抵触和冲突的地方。当然,低碳新闻并不是完全摒弃长篇报道、系列报道,而是主张用最少的话,最大限度地说明问题。所以,低碳新闻,在本质上是主张新闻报道的简约化的。"越简单越好"——这是低碳新闻传递给我们的最基本的报道理念。

(三)低碳新闻具有可接受性

低碳新闻提倡做高质量和具有可接受性的新闻。低碳新闻不仅提倡做短新闻,更提倡做有意义和有质量的新闻。任何拖沓的、冗长的,甚至无意义的报道和信息,都是低碳新闻所抵制的。在低碳新闻的报道理念中,新闻一定要有品质、有意义、有可看性。比如,报纸新闻要语言优美流畅,表意言简意赅;广播新闻要悦耳动听,音质清晰;电视新闻要镜头工整,声画匹配;等等。在低碳新闻理念的指导下,新闻报道能够大大提高报道质量和水准。低碳新闻在本质上是排除广告的,也排斥一切浪费纸张、时间和人力资源的事情。当前,我国有些报纸,甚至是传统大报,为了走出发展低谷,为了转型和挽救颓势,竞相采取低门槛发行广告策略。有的都市报纸和晚报,在50个版面中甚至有40多个都在登载广告,整个报纸几乎成了广告报。这样的报纸无疑是没有生命力的,也是违背新闻专业主义的。当然,也是低碳新闻所反对和摈弃的。

（四）低碳新闻具有不可替代性

低碳新闻提倡独家报道,提倡做有特色、有个性的报道。抄袭、转载和复制的新闻,都与低碳新闻在立场上相左。低碳新闻应具有不可替代性、不可复制性和差异性。低碳新闻理念认为,如果所有的报纸都在登载同样的新闻,那就是对于新闻资源极大的浪费。所以,在我国新闻界流行多年的"通稿""通电",与低碳新闻的传播理念也是相抵触的。低碳新闻不主张雷同化、同质化的新闻,而主张差异性、互补性、个性化的新闻。在低碳新闻传播理念(或低碳新闻专业主义)指导下生产的新闻,总具具有特殊的品质和力量。低碳新闻对于新闻品质的个性化追求,源于其最为核心的传播理念和传播特点。做别人所未做,报别人所未报,写别人所未写,播别人所未播,是低碳新闻传播理念与生俱来的基本要求和个性品质。

（五）低碳新闻具有互补性

低碳新闻之间的差异性,也造就了新闻报道之间的互补性。在低碳新闻理念指导之下的新闻报道,彼此之间应该是互相补充、印证和说明的。这种互补性不同于传统新闻报道格局下的系列报道、连续报道、集群报道,也不同于传统新闻传播方式下的跟踪报道、后续报道。传统新闻的系列报道,往往是成系统、成体系的,各篇(片)之间联系非常密切,甚至不能分割。而低碳新闻理念指导下的新闻报道,每一篇新闻报道都可以独立成篇(片)。低碳新闻与其他的同题材新闻报道之间,并不存在必然的联系。比如,对于2014年3月马航失联事件[①]的报道,很多传统媒体都在短短几天里给予了密集式、轰炸式的集群报道。中央电视台《新闻联播》节目在2014年3月中下旬期间,每天都有跟马航失联事件有关的连续报道、后续报道。但是这样的报道,与低碳新闻所倡导的互补性还不完全一样。低碳新闻的互补性,是指各新闻报道之间,可以互相补充、印证和说明,但是它们之间并不存在必然的联系,更不是自成体系的系列报道、连续

---

① 马航失联事件:马来西亚当地时间2014年3月8日2:40,马来西亚航空公司称一架载有239人的波音777-200飞机与管制中心失去联系,该飞机航班号为MH370,原定由吉隆坡飞往北京。该飞机应于北京时间2014年3月8日6:30抵达北京,马来西亚当地时间2014年3月8日2:40与管制中心失去联系。马航启动救援和联络机制寻找该飞机。随后,包括中国在内的多国加入了搜寻失联马航飞机的行动。2014年3月24日,马来西亚总理纳吉布在吉隆坡宣布,马航失联航班MH370在南印度洋坠毁,机上无一人生还。至今,马航飞机MH370是如何失事的,到底有无人员生还,还是个未解之谜。

报道和跟踪报道。

（六）低碳新闻具有排他性

低碳新闻的内容生产，本质上要求其他新闻不能与之雷同或十分相似。低碳新闻在内容上具有排他性、排异性、排斥性。低碳新闻理念主张媒体发布独家新闻，发布有特质的信息。凡是互相雷同的新闻信息，都是违背低碳新闻精神和低碳新闻倡导的专业主义的。传统的新闻专业主义，在低碳新闻领域需要重新诠释和发展。低碳新闻所倡导的新闻专业主义与传统的新闻专业主义之间，有着明显的界限。这个问题将在之后的篇章里进一步论述。

总之，低碳新闻是具有鲜明时代色彩和创新意义的新闻传播现象。低碳新闻是时代的产物，是工业革命的产物，是社会发展的需求，也是新闻传播规律在时代发展大背景上的自觉投射。低碳新闻是人类社会工业化程度高度发达之后，随着全球气候变暖、人类生存危机加重，而在新闻传播行业出现的一种现实应对措施，是新闻传播行业和大众媒体为低碳社会建设做出的直接贡献。此外，低碳新闻概念和低碳报道理念，还体现了对于新闻工作者身心健康的保护，体现了新闻工作者对于环境保护和降低能耗的自觉意识。低碳新闻还是新闻工作者提高自身职业素养和执业水准的一个重要标志。新闻媒体和新闻工作者能否自觉做到低碳传播，在很大程度上取决于自觉意识和管理水平。新闻媒体和新闻工作者能否做到低碳传播，还需要受众监督、行业的规范管理和政策约束。而在这方面，很多媒体尤其是重装备、高投入的广播电视媒介,还没有给予充分的重视和认识。甚至,新闻的主管部门和单位,往往也还没有把低碳传播纳入议事日程。低碳信息传播、低碳新闻宣传、低碳媒介建设、低碳媒体发展,以及低碳信息反馈等,还需要走很长的路程。但是我们完全可以相信,随着社会的发展,以及媒体自身建设需要,在不远的将来,低碳媒介、低碳新闻和低碳传播,必将成为全社会的共识,也将成为媒体建设的一个重要标尺。

第二章 低碳新闻与绿色新闻

第一节　关于绿色新闻与绿色文化

可以说,几乎所有的新闻媒体和新闻报道,都离不开来自自然界的信息。没有自然界,就没有新闻传播。与自然界密切相关的一类新闻传播活动就是绿色新闻(或绿色传播)。

绿色新闻来源于绿色文化传播的理念。绿色文化是一个包容性很强的文化系统,涉及一切与绿色和植物有关的文化外延。人类社会的一切生活与活动,几乎都跟绿色文化有关系。绿色象征生命,绿色象征希望,绿色象征未来。绿色,是许多人最青睐、最怜爱的颜色。与大自然和绿色植物密切关联的绿色文化,是研究和传播大自然与绿色生命的文化现象,也是非常富有生命力的文化现象。总体上说,绿色文化应该包括森林文化、草原文化、农业文化、海洋文化、茶文化、酒文化、河湖文化、山地文化、食品文化等。这些丰富而多元的绿色文化都给低碳新闻提供了坚实的理论基础和实践基础。绿色新闻和低碳新闻涉及的内容,很多都与千百年来劳动人民建设的绿色文化系统有关。每一种绿色文化系统,都有丰富而多元的内涵。

有学者认为,绿色文化是"人类为适应环境而创造的以绿色植物为主体、以可持续发展的绿色理念为核心的所有文化现象的总和";并认为,"绿色文化是人类为适应环境而创造的一切以植物为主要标志的文化"①。绿色文化具有一些鲜明的特点,如自然性、和谐性、多样性等。绿色文化是一种人类与自然界和谐共生、平衡发展的先进文化,体现着人类保护自然、利用自然、尊重自然与可持续发展的生存理念和实践精神。绿色文化是一个丰富的文化传播系统。每一个绿色文化子系统都是博大精深的传播体系。比如,茶文化是以茶为传播对象和研究对象的文化集群。茶文化又包括茶的历史文化、消费文化、礼仪文化、物种文化、保护文化,以及饮茶的行为文化,等等。茶文化和水文化等绿色文化与中华民族悠久的历史水乳交融,融入了中华民族发展的历史文化血脉。

丰富而多元的绿色文化,为绿色新闻和低碳新闻提供了丰厚的土壤,也为绿色新闻和低碳新闻提供了丰富的报道题材与传播素材。

第二节 从"绿色新闻"到"低碳新闻"

低碳新闻和绿色新闻在本质上,都与改善人类生存环境和生存质量有关,但是,二者还是有一定的区别。鉴于绿色新闻和低碳新闻之间的密切渊源关系,并鉴于低碳新闻的理论与实践直接来源于绿色新闻,在深入论述"低碳新闻"之前,有必要先说说"绿色新闻"。

---

① 铁峥主编:《绿色传播论》,光明日报出版社2014年版,第10页。

严格来说,绿色新闻是绿色文化的一部分。有学者认为,"绿色新闻"一词,来自1998年10月复旦大学新闻学院毕业班学生的实习汇报。也就是说,绿色新闻来自新闻工作者和从业者的新闻实践。绿色新闻的出现和发展,是必然的现象,是新闻事业适应经济社会发展的一种必然结果。绿色新闻的出现,与绿色文化有关。绿色新闻根植于绿色文化,属于绿色文化的一部分,是对于绿色文化的传播和表现。

本书认为,绿色新闻主要有两种含义:

含义一:从传播学的理论角度来讲,绿色新闻是非常客观、公正、纯粹的新闻。也就是说,绿色新闻是很好地坚持和贯彻了新闻专业主义的新闻。它没有倾向性、不带偏袒,没有主观色彩。即使是评论,也是尽量做到客观公正。从这一意义上说,"绿色新闻"的特点和价值,在于强调和坚持新闻的客观性、公正性和纯洁性,可以说是距离新闻的本质"最近"的新闻。诚如储瑞耕先生所言:"'绿色新闻'的根本基点,在于它尊重客观,而不搞主观臆造;在于它反映社会生活的最新脉动,同改革大潮、建设大业紧紧相连;在于它是公正的、不带有偏私;在于它是纯洁的,不可沾染诸如人情、金钱交易等污点"[①]。

含义二:从传播对象上讲,绿色新闻是对于与绿色文化有关的事实报道和反映。也就是说,绿色新闻主要关注和报道的是跟自然环境、生态保护、人类健康等有关的新闻信息。绿色新

[①] 储瑞耕:《新闻的颜色》,《中国记者》1998年第11期。

闻报道的正面内容,应该是受环保主义者推崇和赞赏的。

从这一角度来说,绿色新闻与环境新闻、生态新闻、健康新闻有着密切关系。一般来说,绿色新闻在外在形式上是可以辨识和区别的。

也有学者认同这样的观点,将"绿色新闻"基本上看作"环境新闻"或"环境报道"。张小明先生在《美国绿色新闻学的启示》一文中提出,"所谓绿色新闻,就是用新闻手段传播人们关心的绿色信息,绿色新闻涵盖生态新闻,或环保新闻、环境新闻等。而绿色新闻的传播,可以唤醒人类的绿色意识,传播绿色文化,推动绿色生活方式,促进生态环境建设和保护工作"[1]。

绿色新闻因涉及环境问题和生态保护,往往与自然科学、生态科学、环境科学以及医学等专业学科有关。所以,绿色新闻报道的内容往往专业性比较强,经常会涉及一些数字、参数、科学原理和技术指标。在绿色新闻报道中,最为常见的数字就是PM2.5、污染指数之类的指标。尤其是很多深度报道、解释性报道都与绿色新闻有关。在绿色新闻报道中,仅仅报道新闻的五要素往往是不够的。人们需要了解环境污染、生态变化、气候变迁、土壤流失等背后的问题。也就是说,绿色新闻经常是需要深度报道去完成和实现的。

下面是两则反映自然和生态问题的绿色新闻。

---

[1] 张小明:《美国绿色新闻学的启示》,《中国绿色时报》2004年1月21日。

第一则标题为《欧洲30年少了4亿只鸟》[①]：

(记者青木)"欧洲出现鸟类危机！"德国《明镜》周刊4日表示，过去30年，欧洲鸟类数量骤减4.21亿只。这份报告刊登在周一出版的科学期刊《生态学快报》上。研究人员分别对25个欧洲国家的144种鸟类的数据进行了统计和分析。研究发现，减少的总数中，约90%发生在最常见的飞禽身上。如灰山雀、云雀、麻雀和棕鸟。

这与欧洲现代化农业耕作方式及鸟类栖息地有关。在德国等国家，猫科动物捕捉鸟类也是一个原因。美国2013年的一项研究结果也表明，仅在美国就有8 400万只宠物猫和3 000万只流浪猫。它们捕杀了14亿至37亿只鸟。

"这是欧洲鸟类发出的警告。"参与本次研究的英国皇家保护鸟类学会成员葛瑞格里说。"显然，我们管理环境的方式是不可持续的。想要扭转鸟类减少的趋势，我们就必须建议保育，并用法律保护所有的鸟类和它们的栖息地。"不过，研究也显示，近年来一些较稀有鸟类的数量有所增加。这可能归功于近年来的保育措施。

这则新闻报道了欧洲30年来鸟类剧烈减少的问题，本质上是关注了人类生存环境和生态发展问题。表面上是关注"鸟"，实质上是关注"人"。

[①] 青木：《欧洲30年少了4亿只鸟》，《环球时报》2014年11月5日第5版。

第二则标题为:《今秋,让落叶更长久拥吻大地》[①]。下面是节选的内容:

> (本报记者 顾一琼)去年初试"落叶不扫",街头的烟蒂、碎尘少了;今年,徐汇区辟出更多落叶景观道——武康路、余庆路、湖南路、复兴西路区域老洋房多,在这里让落叶覆盖宁静的马路,能以柔软的方式演绎上海的优雅和暖意,叙述城市文明、体现城市文脉,沁入人心。
>
> 秋风乍起,落叶归根。在枝头喧腾了一夏的叶子,踏踏实实地拥吻脚下的土地。"户籍"在徐汇区的叶子们,拥吻期将更久一些——11月,徐汇区将在武康路、余庆路、湖南路、复兴西路等路段推行"落叶不扫"。身披"金黄蓑衣",原本就宁静惬意的小马路将再添一份优雅和暖意。
>
> 落叶"扫与不扫",是一个争议了数年的话题。赞成者说,美化城市景观,增添人文色彩;反对者说,落叶经不起踩踏且易腐烂,影响出行。正因为褒贬不一,浦东世纪公园的落叶景观道开了又关。共青森林公园也仅在树林间保留落叶。更多地方则采取了折中办法——保持主干道干净,仅对那些无人问津的小径保留落叶任其自然腐烂。但局促的"保留",美感全无。
>
> 争论声中,正致力于创建文明城区的徐汇区毅然拓展"落叶不扫"路段。

[①] 顾一琼:《今秋,让落叶更长久拥吻大地》,《文汇报》2014年11月第1版。

落叶多了,烟蒂少了。

去年秋冬交替之际,徐汇区曾在武康路、余庆路试点落叶不扫,一改以往成片清理的保洁方式,将落叶视作一道风景,任其自然飘落、点缀马路。清扫时间由每天数十次变为每天在傍晚时分集中清扫一次。试行两周,市民纷至沓来,体验落叶景观道,还有很多摄影爱好者专程来此记录深秋韵味。

"这里老洋房多,名人故居多,车流人流不密集,加上深秋落叶点缀,最能体现上海的文化范儿。"徐汇区绿化市容局相关负责人这样介绍试行"落叶不扫"的初衷。

试行的结果,多数市民竖起大拇指,表示首肯。意料之外的是,原先武康路、余庆路两条马路,一天能扫出两吨垃圾,除了落叶外,主要是烟蒂、碎尘等。试行"落叶不扫"之后,环境美了,懂得珍惜的人多了。

日盛环保公司湖南街道作业队副队长刘德佳发现,落叶不扫之后,最直观的感受是路面烟蒂少了——那些抽流烟的人不再乱扔烟头;周边居民也习惯于将瓜皮果壳装在袋子里,定点存放,由环卫工人收走。这位有着大学学历的环卫工人感叹:"环境可以对人产生强烈的暗示和诱导。"

总量控制,兼顾各方。

同一片落叶,有人叫好,肯定也有人嫌烦。为了尽可能兼顾各方诉求,徐汇区为"落叶不扫"制定了具体试行方案。

首先，是试行区域。除了武康路、余庆路外，今年还将把湖南路的武康路至永福路段、复兴西路的武康路至高邮路段辟为落叶景观道。

其次是"总量控制"。落叶不扫的基本标准是：人行道及下街沿（靠近人行道）一部分覆盖上一层落叶，不影响交通与出行安全。同时，每天傍晚全面清理当日落叶，确保无隔夜、沾污垃圾的落叶滞留路面。此外，根据天气变化，还将灵活调整试行的时间，遇上风雨或雾霾天气，暂停景观道试点，施行全面清扫保洁，不影响居民日常生活。相关部门还落实了社区联系机制，每月走访景观道周边居委会，听取居民意见，同时倡导大家文明遛狗，不让宠物便溺物丢弃于落叶中。

改扫为捡，工作量增。

11月，是扫地工最忙的时节。"落叶不扫"之下，扫地工的任务其实更重。

刘德佳介绍，清扫班每人负责100米到200米路段，原本大家"见到落叶就扫"，基本上每次来回扫过一圈就可以休息10分钟左右。"落叶不扫"对清扫工作提出了更高要求。大家的空余时间被占满了。比如，保洁人员要配备伸缩钳等劳动工具，改扫为捡，随时清扫隐匿在落叶中的垃圾。"留在地面上的落叶也有标准——那些有点烂的、脏了半边的都会被挑出来清理掉。"等到下午4点左右，再集中清扫铺满路面的落叶，工作量反而更大了。

保洁人员大多支持"落叶不扫"，但他们同时呼吁能有更多人珍惜落叶景观道，为这个创新之举尽一份力。

这则新闻报道了上海市徐汇区市容局在武康路、余庆路等路段，试行"落叶不扫"，受到市民称赞的事情。这则新闻跟美化社区环境、提升城市文化内涵和提高市民生活质量有关。归根到底，还是跟"人"有关。表面看起来是对于市容环境变化的报道，实际上是对于"人"的报道。这也是一则比较典型的绿色新闻。

"低碳新闻"与"绿色新闻"紧密联系，同中有异。"低碳新闻"是新闻工作者在新闻的策划、采访、编辑、加工、合成、传播等活动中，所尽量采取的低能耗、低污染、低排放的新闻报道方式。也就是说，"低碳新闻"关注的不仅仅是新闻报道的内容，更关注在新闻的报道和传播过程中，对减少环境污染、能源消耗和最大限度地节能减排所做出的贡献。而"绿色新闻"是对环境保护、生态改善和绿色生活方式等内容的报道。"绿色新闻"在报道中如果不注意节能减排、减少浪费、降低能耗，就不能够称为"低碳新闻"。同样，能够称为"低碳新闻"的报道，也不一定就是关于环境治理、大气污染和生态保护等方面的报道。"低碳新闻"也可以是时政新闻、经济新闻、民生新闻、法制新闻、科技新闻、军事新闻、娱乐新闻、体育新闻等任何类型的新闻报道。只要符合节能减排标准，减少了碳排放，降低了能耗，就可以称为"低碳新闻"。在传播渠道上，"低碳新闻"可以是报纸新闻，也可以是电视新闻、广播新闻，或者是网络新闻、融媒体新闻等形式。从"绿色新闻"到"低碳新闻"，强调的重点从报道

内容、报道对象上升到了整个报道流程。① 下面用列表的形式表示绿色新闻和低碳新闻的异同,如表2-1所示:

表2-1 绿色新闻与低碳新闻对照比较表

	绿色新闻	低碳新闻	备注
报道范围	有限制	无限制	绿色新闻主要局限于绿色文化和生态环境
报道形式	经常为深度报道	经常为新闻短消息	
报道题材	主要为绿色文化、环境新闻、生态新闻等	涉及社会生活的各方面	
报道特点	强调深度挖掘	强调新闻五要素	
传播渠道	传统媒介与融合媒介	传统媒介与融合媒介	
判断标准	绿色、环保、自然、生态、健康、生命	节能、减排、高效、集约、低耗	
翔实程度	内容翔实,讲求细节	内容简约,简明扼要	
篇幅长度	较大(长)	较小(短)	

需要特别指出的是,表2-1中对于绿色新闻和低碳新闻各个指标的划分与对照,只是基于新闻实践所作的总体判断。其中所说的绿色新闻经常表现为深度报道,低碳新闻经常表现为

---

① 王晴川、刘佳丽:《低碳新闻:离我们有多远?》,《新闻爱好者》2010年9月(上)。

新闻短消息,这种区分并不是绝对的。这里所说的只是一般现象。事实上,很多绿色新闻是通过短消息报道的,也有很多低碳新闻表现为深度报道;有的绿色新闻篇幅并不长,甚至可以作为一句话新闻,而有的低碳新闻篇幅并不短。二者之间最大的联系和趋同性,就是对于新闻专业主义的坚守。可以说,绿色新闻和低碳新闻最大的共同点,就是都主张坚持新闻报道的客观性、纯粹性。从这一点来说,绿色新闻和低碳新闻在本质上是相同的,目标是一致的。绿色新闻与低碳新闻犹如一对孪生兄弟,互为补充和映射,在共同实践和发展着新闻专业主义精神。

第三节　低碳新闻距离我们有多远

近年来,各行各业致力于推进碳中和,并力求在发展低碳经济中有所作为。对于新闻传播领域来说,新闻宣传和采访报道也需要践行低碳的理念。

低碳新闻的出现,与全球气候变暖并引起国际社会重视直接相关。

有资料显示,随着气候变暖和全球气温上升,2010年至2020年是全球有记录以来最热的10年。2019年是有记录以来气温第二或第三高的年份。众所周知,碳排放与气候变暖、人类生存环境恶化有直接关系。那么,减少碳排放,遏制气候变暖,是全人类共同面对的重大问题。早在2009年12月,联合国在丹麦首都哥本哈根召开世界气候变化大会,就商定了与会国家的二氧化碳减排指标。自哥本哈根会议之后,"低碳""节能""减排""环保"等概念一时成为人们街谈巷议的热门话题。目前,国际上用一个国家的碳排放总量来衡量这个国家的能源消耗量,而我国的碳排放量是世界第一。[①]

发展低碳经济,发展"绿色经济",减少碳排放,建设生态文明社会,是我国建成社会主义现代化强国和实现中华民族伟大复兴的必由之路。

"低碳经济"在1999年由美国学者莱斯特·R.布朗(Lester R. Brown)首次提出。然而,对于"低碳经济"目前国际上还没有统一的概念。它一般是指碳排放量、生态环境代价及社会经济发展成本最低的经济形态。[②]"它是一种以低能耗、低污染、低排放为特点的发展模式,是以应对气候变化、保障能源安全和促进经济社会可持续发展有机结合为目的的规制世界发展格局的新规则"[③]。"'低碳经济'旨在围绕整个经济活动,在生产和消费的各个环节全面考虑温室气体排放,主要体现在对能源生产和消费作出更加有效率的选择,以求达到最小的温室气体排放量"[④]。还有学者认为,"低碳经济"包含五大要素,即"低碳

---

① 王晴川、刘佳丽:《低碳新闻:离我们有多远?》,《新闻爱好者》2010年9月(上)。

② 王晴川、刘佳丽:《低碳新闻:离我们有多远?》,《新闻爱好者》2010年9月(上)。

③ 袁男优:《低碳经济的概念内涵》,《城市环境与城市生态》2010年第1期。

④ 林伯强:《"低碳经济"究竟该如何定义?》,《第一财经日报》2009年9月28日第A14版。

技术、低碳能源、低碳产业、低碳城市、低碳管理"[①]。低碳经济是人类生存意识和发展观念的根本性转变。继"低碳经济"一度为人们热捧之后,"低碳生活""低碳社会""低碳技术""低碳旅游""低碳城市"等一系列相关词汇也应运而生。

我国政府对发展低碳经济也给予了充分重视。早在2007年8月,国家发改委就发布了《可再生能源中长期发展规划》,提出优先发展可再生能源。2014年,国务院批复和同意发改委提出的《国家应对气候变化规划(2014—2020年)》。国务院在《关于国家应对气候变化规划(2014—2020年)的批复》(国函〔2014〕126号)中指出:"到2020年,实现单位国内生产总值二氧化碳排放比2005年下降40%—45%、非化石能源占一次能源消费的比重达到15%左右、森林面积和蓄积量分别比2005年增加4 000万公顷和13亿立方米的目标,低碳试点示范取得显著进展,适应气候变化能力大幅提升,能力建设取得重要成果,国际交流合作广泛开展。"

发展低碳经济,建设低碳社会,力争在2030年之前实现碳达峰,在2060年之前实现碳中和,已经成为我国推行可持续发展战略的重要组成部分。党的十九大报告指出:"坚持全民共治、源头防治,持续实施大气污染防治行动,打赢蓝天保卫战。……构建政府为主导、企业为主体、社会组织和公众共同参与的环境治理体系。积极参与全球环境治理,落实减排承诺。"

建设低碳社会,实践低碳新闻,广大新闻工作者自然有一份

[①] 袁男优:《低碳经济的概念内涵》,《城市环境与城市生态》2010年第1期。

义不容辞的责任。

　　在我们的日常生活中，低碳新闻距离我们其实并不远。低碳新闻的表现主要有三个方面：

　　一是在新闻报道的题材选择上，表现为关注绿色新闻和环境新闻的报道。这方面的报道是经常而大量的，包括：农牧渔业新闻、海洋新闻、环境新闻、林业新闻、生态新闻、自然灾害闻等。传统媒体也经常设置相应的采访条线，如：农业新闻条线、环境新闻条线、林业新闻条线等。一些主流媒体还开设了固定的绿色新闻栏目和板块。如：中央电视台曾经开办的《农广天地》《聚焦三农》《人与自然》《乡村大世界》《乡约》《农业气象》《科技苑》，湖南电视台曾经开办的《乡村发现》，山西电视台曾经开办的《黄土地》，黑龙江电视台曾经开办的《黑土地》，山东电视台曾经开办的《乡村季风》，安徽电视台曾经开办的《希望的田野》等，都可划归为"绿色栏目"。中央电视台《新闻联播》《午间新闻》《晚间新闻》等栏目，也经常报道农业新闻、林业新闻、海洋新闻等绿色新闻信息。这类信息可以称为"绿色新闻""绿色报道"或"绿色信息"。

　　二是在信息生产和创作的物理活动过程中，表现为对于各种资源的节约利用。新闻媒体在信息和内容生产过程中，可以从很多方面节约资源，为低碳媒介和低碳社会建设做出贡献。如：采访前的精心策划，与采访对象的充分沟通，对于设备器材的保养和爱护，电视摄制组成员的有效分工和配合，对于采访物资与设备的节约利用，有效规划采访路线，尽量减少体力和能量消耗，广播电视节目后期制作过程中对于能源和资源的节约与控制,等等。

三是在新闻信息传播过程中,表现为对于各种资源的节约利用。在信息传播过程中,也可以尽量做到减少消耗,实现低碳。长久以来,许多传统媒体(尤其是报纸、杂志)在传播过程中,经常出现过度传播的现象。如:报刊超额发行、电视节目重复播放等。近年来,随着融合媒介的兴起和发展,传统媒体(尤其是报纸、杂志)的发行日益成了老大难问题。多年之前一度出现的都市报发行超百万份的风光现象,在我国恐怕很难再现了。随着自媒体的进一步发展以及新媒体市场的进一步繁荣,报纸完全去"纸"化,应该是一件可以预见的事情。或许在即将到来的融媒体时代,人们不再称报纸为"报纸",而称之为"报屏"或"报媒",抑或干脆就叫"融媒体"。

到了那个时候,我们就可以说,新闻与媒介的低碳时代,已经到来了。

第三章

低碳新闻实现路径

第一节 如何实现"低碳新闻"

厉行节约,反对浪费,是中华民族优秀传统美德。提倡"低碳新闻",在新闻报道中自觉践行节能减排、降低能耗、减少浪费,也是新闻工作者应尽的责任与义务。然而,在新闻工作中如何才能实现"低碳"?新闻记者在日常生活和工作中应该注意什么?如何把"低碳理念"转化为"低碳行动"呢?

新闻工作者应该树立"低碳"意识,做自觉践行"低碳"的表率。新闻宣传工作是党的工作重要组成部分,是联系党和群众的桥梁与纽带,新闻宣传工作是非常崇高的职业。新闻工作者担负着宣传党的方针政策、服务群众、传播知识、引导舆论的责任。[①]《中国新闻工作者职业道德准则》提出:"新闻工作者要学习宣传贯彻党的理论、路线、方针、政策,继承和发扬党的新闻工作优良传统,积极传播社会主义核心价值体系,努力践行社会主义荣辱观,恪守新闻职业道德,自觉承担社会责任"[②]。在2016年2月19日举行的党的新闻舆论工作座谈会上,习近平总书记指出,党的新闻舆论工作的职责和使命是"高举旗帜、引领

---

① 王晴川、刘佳丽:《低碳新闻:离我们有多远?》,《新闻爱好者》2010年9月(上)。

② 中华全国新闻工作者协会第七届理事会第二次全体会议2009年11月9日修订。

导向,围绕中心、服务大局,团结人民、鼓舞士气、成风化人、凝心聚力,澄清谬误、明辨是非,联接中外、沟通世界"。

履行好新闻工作者的职责,与自觉践行低碳理念和实现低碳新闻密不可分。

一、新闻工作者应自觉树立"低碳意识"

新闻工作者应该在社会上率先践行绿色、环保、减排、节能的"低碳理念",经常绷紧"低碳"这根弦,为低碳社会、节约型社会建设做出表率,这也是新闻工作者义不容辞的社会责任。实践证明,新闻媒体和新闻记者主动承担起社会责任之后,其发布的新闻信息能够使人更加信服,媒介品牌和记者的影响力才能更好地树立起来。[①]让节约和低碳成为一种习惯,是新闻工作者首先应该养成的自觉意识。

低碳新闻的实现是一个系统工程,需要记者、编辑、管理人员、技术人员甚至受众的全员参与;需要从工作流程、管理制度、技术装备、日常工作等多个方面实现和推进;需要渗透进新闻报道的组织策划、前期拍摄、后期制作和信息传播等多个环节和流程。然而最为根本的,还是新闻工作者应树立低碳新闻意识,积极倡导低碳新闻工作理念。各级主管机构和媒介管理人员要经常引导和教育新闻工作者,注意减少浪费、厉行节约,优化资源、提高效率,并使之成为一种自觉和习惯。

[①] 王晴川、刘佳丽:《低碳新闻:离我们有多远?》,《新闻爱好者》2010年9月(上)。

二、"低碳理念"应贯穿于新闻工作的每一个环节之中

新闻工作的每一个环节,如策划、采访、摄像(摄影)、播音(主持)、编辑、加工、付印、播出(发行)等每一个环节,都跟节能减排有直接关系,都要尽可能地做到少消耗、少排放。新闻工作者应在每一个环节中,把住减排关,从每一件小事做起,从点滴做起,从身边做起,把"低碳"进行到底。新闻采访要"适可而止",新闻报道要"小题小做"、"大题大做"、"无题不做"。[①]新闻媒体的记者、编辑们应将"低碳"和"减排"融入新闻采访、制作和传播的每一个环节。如,采访之前要设计好问题,避免采访时"卡壳",耗时窝工;出发之前要设计好采访路线,避免跑冤枉路;打印材料最好采用双面,节省每一张纸;电池、磁带等采访器材够用即可;印刷报纸不必动辄出几十版的"厚报",实际上,以往"厚报"的很多版面都是密密麻麻的"小广告",结果根本没人看;电视新闻镜头要多拍固定镜头,慎用运动镜头,以免给后期编辑和加工带来不必要的麻烦。如此等等,不一而足。

从另一方面来说,那种无事生非、哗众取宠、博人眼球的新闻报道,以及所谓"标题党""耸人听闻式报道",在一定程度上来讲,是对新闻专业主义的反叛,也是与低碳新闻理念格格不入的。在反对和排斥"标题党"和"耸人听闻式报道"报道方面,低碳新闻与新闻专业主义是一致的。

[①] 王晴川、刘佳丽:《低碳新闻:离我们有多远?》,《新闻爱好者》2010年9月(上)。

三、要通过建章立制的方式推行低碳新闻

践行"低碳",厉行"减排",最为根本的还是要建章立制,依靠制度去贯彻落实。对于全社会来说,发展"低碳经济",建设"低碳社会"和生态文明国家,需要从法制的层面去约束和管理。对于新闻传播机构来说,要倡导"低碳新闻",建设"低碳媒体",归根到底还是要依靠制度去推行。①应该在新闻传播的每一个环节,都建立起节约、减排和低碳的制度。尤其是在版面安排、播出时段、重要设备与器材的使用,以及人员配置等方面,建立科学合理的制度和保障措施,使人尽其才、物尽其用、时尽其效。

当然,就我国目前的新闻业界来说,新闻工作者还普遍没有这种低碳和节约的意识。多数新闻工作者和媒介主管们所考虑的,就是如何做好新闻报道,如何通过优秀的新闻报道,赢得受众,赢得好评,赢得市场。在许多人的心目中,或许"内容生产"更为重要。也或许有一些人,把"新闻专业主义"片面理解为"内容主义"。还有人或许对所谓的"低碳新闻"嗤之以鼻。等到将来的某一天,当记者和编辑们的晋级、升职、奖金、考评等与碳排放量直接挂钩的时候,我们就可以说:"低碳新闻"距离我们不远了。②

---

① 王晴川、刘佳丽:《低碳新闻:离我们有多远?》,《新闻爱好者》2010年9月(上)。
② 王晴川、刘佳丽:《低碳新闻:离我们有多远?》,《新闻爱好者》2010年9月(上)。

第二节　低碳新闻的测评方法

通常情况下,策划和组织一次新闻采访,需要调用人力、物力、资金、器材和设备等资源,并经历选题策划、采访准备、前期采访、后期编辑和加工、节目和内容合成、内容审核、播送(发行)等工作环节。这些环节和过程都直接关系到能源消耗与碳排放问题。实际上,在每一个环节,我们都可以在实现低碳新闻上有所作为。

从实现低碳新闻的角度,可以而且应该对于新闻报道和传播的每一个环节与过程,进行碳排放测算与评估。如此,一则新闻从策划到完成,需要消耗多少资源,排放多少二氧化碳,进而需要花费多少成本,要能够事先做到心中有数。笔者认为,将来在可能的情况下,新闻媒体考察员工的工作业绩,不仅要看他们生产和完成了多少新闻产品,而且要评估他们在生产新闻产品的同时,排放了多少二氧化碳,消耗了多少资源,投入和产出的比率如何。如果以此为标准核定他们的工作业绩,并与绩效挂钩,也是合理的,符合生态文明社会建设的总体要求。有时,为了生产一则新闻或一件影视艺术作品,投入了很多成本,浪费了大量资源,排放了很多二氧化碳,结果产品(内容)质量却不尽如人意,未免得不偿失。事实上,我国多数新闻媒体,在内容建设上(尤其是在新闻作品的生产方面),很少有进行成本核算的。即使有预算,也仅仅是从采访经费等显性成本上进行估算,一般不涉及器材消耗与折旧、时间与精力消耗等隐性成本,更不会考虑到碳排放问题。对于一则新闻报道,我们应从社会效益和经济效益两个维度考量其报道效果。广播、电视、报纸等大众媒介应该从减少碳排放和节约社会资源的角度,建立契合自身实际的碳排放评估体系。

目前,在碳排放量的计算方面,国际上有一些通用公式。国际上比较流行的一组计算公式是:

(1) 居民用电的二氧化碳排放量(千克)=耗电量×0.785

(2) 汽车的二氧化碳排放量(千克)=油耗公升数×2.7

(3) 飞机的二氧化碳排放量(千克):

  200千米以内=千米数×0.275

  200千米至1 000千米=55+0.105×(千米数−200)

  1 000千米以上=千米数×0.139

(4) 天然气的二氧化碳排放量(千克)=天然气使用立方米数×0.19

(5) 自来水的二氧化碳排放量(千克)=自来水使用吨数×0.91

注:以上公式来自文汇网

笔者以为,参照国际上对于碳排放的通用计算公式,可以衍生并设计新闻生产和传播过程中的碳排放计算公式。一般情况下,新闻生产和传播过程中的碳排放量大致可用以下公式一计算(单位为kg):

公式一 $G=D_1+D_2+D_3$

这里，G代表新闻生产和传播的碳排放总量（Genernal）；D_1代表新闻制作碳排放量（$Discharge_1$）；D_2代表服务保障碳排放量（$Discharge_2$）；D_3代表相关消耗碳排放量（$Discharge_3$）。

在上述公式中，"碳排放总量"（G）是指新闻的策划、采访、编辑、制作、合成、传输、反馈等各个环节碳排放量加权数之和；"新闻制作碳排放量"（$Discharge_1$）是指新闻在策划、采访、编辑、制作、合成等生产阶段的碳排放量加权数；"服务保障碳排放量"（$Discharge_2$）是指在新闻生产和传播过程中，有关工作人员的日常办公碳排放量，以及交通、通信、传输、播出等方面的碳排放量加权数；"相关消耗碳排放量"（$Discharge_3$）是指与新闻生产相关的沟通协调过程、新闻审核与把关过程、互动与反馈等消耗中产生的碳排放量加权数。上述公式原则上可以运用到报纸、广播、电视、网络等传播媒介的新闻生产碳排放测算之中。

由于技术手段不同，工作特点不同，报纸新闻和广播电视新闻在内容生产与传播中碳排放量会有明显不同。它们的碳排放测评体系建设所考虑的差异因素也很大。不同的媒体，应结合各自特点和工作习惯，建立符合自身实际和传播规律的低碳新闻测评体系。

电视新闻行业是重装备、高投入、高回报的行业。我们有理由相信，在报纸、广播、电视、网络四种常见的大众媒介中，电视新闻制作和传播过程是最为复杂且碳排放量最多的一种。这里，以电视新闻工作为例，说明建立低碳新闻测评体系时需要考虑的一些因素和内容（见表3-1）：

表3-1 低碳电视新闻测评体系碳排量直接因素参照表

类别序号	新闻制作消耗（kg）	服务保障消耗（kg）	其他消耗（kg）	节目总生产时间（小时）
1	新闻策划电耗量×0.785	日常办公用电量（照明、空调、电脑等）×0.785	沟通协调电耗量×0.785	策划阶段总时长=人次×小时数
2	素材收集和采访准备电耗量×0.785	用水消耗量×0.91	节目把关电耗量×0.785	准备阶段总时长=人次×小时数
3	采访过程电耗量（摄像机、三脚架、电池、磁带、话筒、录音笔、灯光、车辆等）×0.785	天然气消耗量×0.19	与受众互动电耗量×0.785	采访总时长=现场采访人员数量×采访次数×小时数
4	编辑过程电耗量（线性编辑或非线性编辑系统）×0.785	汽车油耗公升数×2.7	节目重播电耗量×0.785	编辑总时长=后期编辑人员数量×有效编辑时间
5	技术合成电耗量（配音、字幕机、特技机、三维动画系统等）×0.785	飞机公里数×0.2	节目反馈电耗量×0.785	加工合成总时长=加工合成人次×小时数
6	演播室系统电耗量×0.785	播出系统电耗量×0.785	相关工作会议电耗量×0.785	把关修改总时长=把关人次×小时数

(续表)

类别序号	新闻制作消耗（kg）	服务保障消耗（kg）	其他消耗（kg）	节目总生产时间(小时)
7	使用数据库电耗量×0.785	发射系统电耗量×0.785	未预知消耗	播出耗费时间≈节目时间长度×110%
总计	D_1	D_2	D_3	T
备注	乘坐飞机的碳排放量，以飞机里程数乘以0.2约计；电视节目播出耗费时间一般要略长于节目时长，故以110%约计；T代表有效总时间；总计时应对各消耗值加权			

任何新闻作品的生产都有一个过程。报纸、广播、电视、网络新闻作品从策划到制作直至最后的发行和播出，都存在着碳排放问题。将每个环节的碳排放量累加起来，就构成了整个新闻生产链条的碳排放总量。

笔者以为，在考察低碳新闻的时候，将碳排放总量与内容生产时间对照和联系起来，更有意义。在低碳新闻生产中，可以将单位时间内碳的排放量称为"排碳速度"。如果在尽量减碳的同时，缩短了新闻生产时间，从低碳经济学的角度来说，则降低了排碳速度，提高了节能减排效率。对于低碳新闻而言，碳排放总量与内容生产和传播的全部时间之比，构成了低碳新闻的减排速度。在低碳新闻生产和传播过程中，如果碳的排放总量很少，耗费的时间也很少，就可以认为这则新闻的排碳速度较低，减排效率较高；反之，则可以认为排碳速度较高，减排效率较低。下面，用公式二表示新闻生产和传播过程中的排碳速度：

公式二 排碳速度=新闻生产和传播碳排放总量/新闻生产和传播全部有效时间

如果用V代替排碳速度，G代表新闻生产和传播排碳总量，T代表新闻生产和传播的有效时间，公式二可以表述为（V的单位为：千克/小时）：

$$V=G/T$$

在一则新闻报道中，如果新闻生产的碳排放总量为260千克，传播过程中的碳排放总量为40千克，新闻生产的有效时间为20小时，传播的有效时间为4小时，那么这则新闻的平均排碳速度即为：

（260千克+40千克）/（20小时+4小时）=12.5千克/小时

这里的"全部有效时间"，是指在新闻生产与传播过程中，记者、编辑和技术人员所直接投入到新闻生产和传播中的实质性劳动所占用的时间之和。如果有5名记者和编辑人员直接参与了新闻的生产，平均每人花费的时间是4小时；有6名技术保障人员参与了新闻的传播活动，平均每人花费的时间是3小时，那么全部有效时间就应该是：5×4+6×3=38小时。

第三节 如何在新闻工作中降低碳排放

在新闻工作中节能减排、降低碳排放是一个系统工程和长期工作，不可能一帆风顺、一蹴而就。不能靠上级发一个文件或下达一个指示就能解决问题。尤其是有些记者编辑在新闻工作中长期养成了不良的工作习惯,过度消耗资源、浪费采访器材和物资、浪费纸张和能源的现象非常普遍。有些人甚至有种错误的认识,就是只要能够创作出好的新闻作品,浪费一点东西、多耗费一点资源和人力不算什么。实际上,优秀的新闻作品是完全可以在尽量节能减排和节省资源的基础上创作出来的。倡导低碳新闻的目的,就是在实现新闻宣传目标和满足社会效益的基础上,降低新闻生产过程中的碳排放速度,提高节能减排效率,最大限度地减少碳排放,达到社会效益和经济效益、宣传效果和减排效果的"双赢"。

由此,新闻宣传领域的高碳问题及其解决途径,必须引起各方面足够重视,并将节约资源、节能减排的措施和方法贯穿到新闻工作的每一个环节中去。笔者以为,在低碳新闻建设中,可以从以下几个方面着手和推进:

一、新闻宣传机构要从制度上重视低碳内容和低碳媒介建设

媒介的"二重性"要求,新闻宣传要兼顾政治属性和经济属性、"喉舌"属性和商品属性。其中,政治属性和"喉舌"属性是第一位的,居于主导地位;经济属性和商品属性是第二位的,居于从属地位。作为社会发展和行进的"瞭望者",媒介有责任有义务为生态文明社会建设和低碳经济发展做出贡献。广播、电视、报纸、新媒体等新闻宣传机构在抓内容建设的时候,不仅要经常教育员工注意节约、减少浪费、提高效率,还应该建章立

制,从策划、采访、编辑、制作、发行、播出等新闻生产和传播过程中的各个环节,把住节能减排关,尽量降低消耗,减少浪费,缩减碳排放。甚至可以从制度设计上考虑,考核记者编辑的工作业绩,不能光看作品,还要看作品背后的物质投入与能源消耗。

二、媒介机构应建立内容建设碳排放指导标准

对于广播、电视、报纸等媒介机构来说,不同的内容和版面,投入的人力、物力和精力不同,碳排放的标准和要求也应有所不同。比如,同样是30分钟的电视节目,央视《新闻联播》和《新闻调查》栏目相比,相信前者一期节目的碳排放总量普遍高于后者。因为一期《新闻联播》往往是由10多条甚至20多条电视新闻消息组合而成的。而每一条新闻消息的背后都意味着一帮记者编辑在选题、采访、编辑、制作等方面都参与了碳排放。而《新闻调查》属于新闻专题节目,主题具有单一性,可以在碳排放方面产生集约效应。所以,对于不同的媒体内容如电视节目来说,新闻节目、专题节目、电视剧、服务类节目、广告节目等,依内容性质和长度不同,它们的碳排放(节约资源)指导标准应该不一样。媒介机构应该为不同的栏目和版面,建立相应的碳排放指导标准,以此指导不同的内容和栏目在碳排放(节约资源)方面设立正常幅度与范围。

三、媒介机构应该建立和善于利用电子数据库

在自媒体和融媒体时代,随着信息技术与网络技术的发展,广播、电视、报纸等传统大众媒介纷纷向网络靠拢。它们有的开办网站,有的推出网络版报纸、电子报或者网络电视台。如早在

2009年12月底,中央电视台就推出了中国网络电视台。传统媒介与网络联姻,是应对网络冲击和挑战的明智之举,也是通往低碳之门的捷径。传统媒介应该依靠网络技术,建立适应自身事业发展与传播规律的数据库,将掌握的媒介资源和信息资源整合到数据库里。这样,数据库本身能够直接参与媒介内容的建设,产生经济效益。比如,对于电视台来说,如果有了自己的电子数据库,很多资料、数据、信息和镜头,都可以存储在数据库中,很方便地供记者编辑查阅和调用,而不需要重新拍摄和采集。这样不仅大大节省了时间、人力、物力和财力,还能够极大地减少碳排放,提高工作效率和传播效果。

四、新闻工作者应养成良好的工作习惯和工作方法

新闻宣传工作是集人的智力、心力、体力和精力于一体的复杂劳动,需要记者、编辑具备广博的知识、丰富的阅历、稳定的心理素质、良好的沟通能力和过硬的业务水平,更需要记者养成良好的工作习惯和工作方法。好的工作习惯和方法,不仅有利于生产好的作品,还有利于节能减排,减少碳排放。比如,有的记者在外出采访之前,习惯于设计好最佳采访路线,以便省时省力;有的在拍摄新闻素材时,喜欢拍固定镜头,而不随便推拉摇移;还有的在编辑电视镜头时,先复习和浏览素材镜头,做好标记,以便后期编辑时顺畅流利。诸如此类的良好习惯和工作方法,能够提高工作效率,减少工作程序,也减少了不必要的浪费。新闻媒体要注意总结和推广良好的工作习惯与工作方法,让低碳意识和低碳理念贯穿到每一个工作环节中去。

五、坚持做到"量体裁衣"和"量力而行"

在某种程度上,新闻宣传工作是一种艺术劳动和创新工作。具有一定的自主性和随意性。这是新闻宣传工作的一个特点。对于同样一个题材,有的人认为适合报道,有的人认为不适合报道;有的人认为适合发动态新闻,有的人则认为适合搞深度报道或系列报道。而在实际工作中,很多新闻事实到底应该怎样报道,基本上是靠记者的主观判断和把握。有的时候则听命于领导的指令,而不是考虑新闻事实本身和媒介的实际情况。在很多情况下,我们的新闻报道经常存在着"用力过猛"或"用力不足"的情况。一些没必要大肆报道的东西,被人为地放大和渲染了;而那些需要强化报道和深度挖掘的题材,则被忽略和缩小了。从节能减排的角度来说,新闻宣传工作要"量体裁衣""量力而行",提倡"小题小做""大题大做""无题不做"。

对于大众媒介来说,新闻作品的生产往往只是内容建设的一个方面。在我国,鉴于新闻节目和新闻版面是多数大众媒介的"必修课",也是原创性最强的部分,笔者建议,媒介导入低碳经济理念,首先从低碳新闻抓起。并以推行低碳新闻为抓手,努力打造低碳媒介。为此,广播、电视、报纸等大众媒介要对其设置的频道、栏目、版面和内容进行评估。对于那些投入很多而效益很差的节目与栏目,要下决心关停。更不要不顾实际,盲目决策,匆忙拼凑和上马一些办不好、消耗多的节目和版面。我们有理由相信,如果媒介机构能够做到自身的定位明确,资源配置适当,制度安排科学,内容规划合理,那么它距离建成低碳媒介的目标就一定不会太远了。

第四章 低碳新闻与新闻专业主义

第一节　新闻专业主义的产生和发展[①]

新闻专业主义是西方新闻学的一个重要概念，其基本理论框架是：倡导新闻报道的客观性、公正性和中立性；提倡新闻自由和言论自由；强调媒介的社会责任；推崇职业化教育和程式化操作。实际上，对于新闻专业主义的内涵和理论框架，学术界一直在争议和探讨之中。吴飞教授也认为，"几十年来，虽然有关新闻专业主义的信念、伦理和规范的研究文献日有所增，但至今为止，新闻专业主义的含义仍未形成一个统一的认识"[②]。

在自媒体时代，传统的新闻专业主义面临着冲击和挑战。"人人都是记者"使得客观报道和中立报道在很多情况下成为一种新闻理想。在自媒体时代，新闻专业主义需要反思和回答这些问题：新闻报道的第一要务是什么？"人人都是记者"预示着记者职业会消亡吗？如何守卫新闻的客观性和公正性？如何防止新闻自由的滥用？新闻应该是本土的还是国际的？新闻专业教育应该改变什么？本书认为，在自媒体时代，人人都获得了信息发布的权利和平台，新闻工作者不应过于专注如何拼时间、抢速度和竞相"爆料"，而应该转向深入挖掘新闻事实、寻找

---

① 本章第一节、第二节主要内容曾发表于王晴川：《自媒体时代对新闻专业主义的建构和反思》，《上海大学学报（社会科学版）》2012年第6期。
② 吴飞：《新闻专业主义研究》，中国人民大学出版社2009年版，第28页。

新闻细节、加工海量信息、综合分析材料、引导受众思考和倡导社会公平正义。自媒体时代的新闻专业主义应该更多地宣扬担当精神、责任意识和理性思考。

关于西方新闻专业主义的起源,从新闻媒介(尤其是报纸)的报道实践和发展历程来看,孕育西方新闻专业主义的社会环境直至19世纪30年代后期才趋于成熟和稳定。由此,在通常意义上,我们可以认为新闻专业主义起源于19世纪30年代的美国,尤其是"便士报"[①]兴盛之后。便士报的出现,与美国中产和平民阶层的崛起密不可分。美国社会学家迈克尔·舒德森(Michael Schudson)认为,便士报"通过组织销售、吸引广告、强调新闻性、迎合大批读者以及减少对于社论的关注,充当起了政治、经济及社会生活中平等主义理想的代言人"[②]。

19世纪30年代,随着便士报兴起,欧美国家逐步确立了客观、中立、公正的新闻报道理念。在此之前,报刊因为价格高昂、内容晦涩、语言深奥而一直是上流社会的"专供"产品。许多报刊的内容也以言论为主。随着欧美工业革命的发展和政治民主化的推进,便士报便应运而生了。美国报人本杰明·戴(Benjamin H. Day)创办的《纽约太阳报》(*New York Sun*, 1833

---

① 便士报又称美分报,由《纽约太阳报》发端,于19世纪30年代兴起于美国。它以货币的最小单位为报纸的售价,每份报纸只卖一便士。此类报纸也因此而得名。便士报以新闻为主,因售价低廉而广受欢迎,也带动了通俗化报纸如雨后春笋般地诞生。便士报的出现开创了美国报业的新局面,使得新闻取代言论成为报纸的主角。美国报业也因此迅速走向繁荣。

② 迈克尔·埃默里、埃德温·埃默里、南希·L.罗伯茨著,展江译:《美国新闻史》,中国人民大学出版社2009年版,第106页。

年)、詹姆斯·戈登·贝内特(James Gordon Bennett)创办的《纽约先驱报》(1835年)、霍勒斯·格里利(Horace Greeley)的《纽约论坛报》(1841年)、雷蒙德(Raymond)创办的《纽约时报》(1851年),堪称便士报的代表。这些报纸特别强调新闻本位主义和客观报道,主张把客观性的新闻报道与主观言论明确区分开来。尤其是霍勒斯·格里利创办的《纽约论坛报》,因主张高尚的新闻理想、严肃的报道风格、客观的报道立场和负责的媒体精神,成为便士报的典范,一度被人们称为"最伟大的道德机关报"。《纽约先驱报》在报纸风格和报道方式上,也作出了开创性的探索。它的信息量比较大,内容严肃,富有深度。到1860年时,《纽约先驱报》已经成为当时世界上发行量最大的报纸。这充分显示出那个时代的新闻从业人员对于新闻价值的理解和追求,也标志着新闻专业主义理念在新闻传播实践领域的初步萌芽。

19世纪70至80年代,美国"新式新闻事业"逐渐兴盛,新闻专业主义理念在实践中得以逐步完善。在便士报阶段,《纽约论坛报》等报纸虽标榜与政府和政治家保持距离,坚持平民路线,恪守客观报道精神,但就其本质而言,商业性大于政治性,盈利是第一位的,其出版宗旨、报道方式等均称不上真正的"职业化"和"专业化"。直到"新式新闻事业"时期,记者开始成为一个独立的社会职业,记者编辑群体开始自觉地以新闻为职业,以尊重事实、精确新闻报道为实践,运用专业理想创造"新闻信息模式"和"职业化报刊样式",并逐步完善了新闻专业主义理论。这一时期,约瑟夫·普利策(Joseph Pulitzer)接手并成功打造了《世界报》和《圣路易斯快邮报》。尤其是1883年,约瑟夫·普利策接手的《世界报》,完全摒弃了煽情路线,坚持严肃和重要新闻报道风格,成为美国报界的泰斗,也成为新闻专业主义在实践领域的一个范例。新闻专业主义也开始向纵深发展和演变。也就是从那个时候起,报纸逐渐奠定了"无冕之王"和"第四权力"的社会地位。约瑟夫·普利策在生前,曾希望捐助成立哥伦比亚大学新闻学院。1912年(即约瑟夫·普利策去世之后的次年),哥伦比亚大学新闻学院成立。1908年成立的世界上第一个新闻学院——密苏里大学新闻学院和1912年成立的哥伦比亚大学新闻学院,标志着世界新闻学教育的兴起,也标志着新闻专业主义的成熟与完善,并在思想观念上已经为新闻从业人员所普遍接受。从此之后,在世界范围内,新闻专业教育就如同雨后春笋,蓬勃发展起来了。

美国新闻自由委员会(The Commission Freedom of the Press)于1947年发表了著名的《哈钦斯报告》[①]。该报告提出:"新闻界自身应该承担起责任,提供美国所需要的那种类别、数量和质量的信息和讨论……一个真正的专业人士是不会为了金钱而去做某些违背职业精神的事情。"[②]鉴于"哈钦斯报告"的主张和宣扬的专业精神,我们有理由相信,该报告可以称为西方新闻专业

---

① 《哈钦斯报告》,由美国新闻自由委员会于1947年发表,又称《一个自由而负责的新闻界》(*A Free and Responsible Press*)。此报告奠定了报刊的四种理论尤其是社会责任论的基础。
② [美]新闻自由委员会,展江、王征、王涛译:《一个自由而负责的新闻界》,中国人民大学出版社2004年版,第56页。

主义的代表性宣言。

20世纪初,西方新闻专业主义思想开始被引入中国。1902年在天津创刊的《大公报》就是当时受新闻专业主义影响最大的报纸。创始人英敛之在创刊伊始就提出"忘己之为大,无私之谓公"的办报宗旨,开启了新闻专业主义在中国的本土化进程。张季鸾接手该报后,于1926年订立社训为"不党、不卖、不私、不盲"。新闻专业主义思想的引入,也使得中国报界开始注重将新闻与言论区别开来。"新闻全才"邵飘萍认为,"世界新闻业之趋势,基于'以新闻为本位'之原则"[①]。新闻本位主义的确立可以看作是新闻专业主义形成的前提。将新闻与言论分开,是新闻专业主义形成和发展的一个明显例证。戈公振于1927年著的《中国报学史》中也提道,"从报纸发达史上研究,发表意见,绝非报纸原质之特色,乃附带而生者也"[②]。新闻与言论之间的明确区分,为报纸实践独立性和客观性奠定了理论基础。由此催生的新闻专业主义理念也随之初步形成并不断发展。

第二节 新闻专业主义理论的基本框架

新闻专业主义是19世纪30年代在欧美国家逐步形成的规范新闻职业道德、指导新闻业务实践、倡导新闻职业教育的理论

---

① 邵飘萍:《邵飘萍新闻学论集》,北京大学出版社2008年版,第42页。
② 戈公振:《中国报学史》,上海古籍出版社2003年版,第17、18页。

体系。其形成和发展是一个逐渐酝酿和完善的过程。新闻专业主义的内涵和理论框架到目前尚无定论，也是学界争论较多的一个问题。

笔者认为，新闻专业主义实质上是将新闻传播工作和新闻业务实践，确立为一种满足社会延续和发展而必不可少的职业性的基础理论体系。也就是说，新闻记者之所以成为一门社会职业，不仅是他们的劳动有着稳定且长远的社会需求，更是因为这门职业建立有一整套完备的理论体系，而新闻专业主义就是其理论体系中最为基础和关键的一个链条。新闻记者能够作为一种正当和必需的社会职业为人们所接受，跟其基本理论体系——新闻专业主义的确立有很大关系。

100多年来，随着新闻实践的扩展，新闻专业主义的内涵也在不断延伸。在以网络和手机媒体为代表的自媒体时代，新闻专业主义也应与时俱进，充分发展。自媒体时代，新闻专业主义理论框架可以概括为以下几个方面：

一、新闻专业主义强调新闻的客观性和中立性（Objectivity and Neutrality）

郭镇之认为，"新闻专业主义有两个最主要的特征——中立的把关人和客观的反映者。客观性和中立性是新闻专业主义的特征，并由此发展出一套专业的理念和技巧"[①]。客观、公正地进

---

① 郭镇之：《舆论监督与西方新闻工作者的专业主义》，《国际新闻界》1999年第5期。

行报道,不掺杂记者的个人观点和偏向,是新闻专业主义所一贯坚持的基本主张。新闻客观性的基本元素包括:倒金字塔结构、不党(Nonpartisanship)、不偏(Detachment)、据实(Reliance on Observable)、平衡(Balance)①。客观报道本身,既包括如实报道、真切报道的意思,还包括全面报道、平衡报道的含义。西奥多·彼得森(Theodore Peterson)指出,"传媒必须准确,不能撒谎……传媒必须清楚事实就是事实,观点就是观点"②。休曼也指出,记者对任何事情的任何观点,任何政治的、信仰的和社会的偏见,尤其是个人情感,都应当避免③。美国报业编辑协会在1923年发布的《新闻规范》中,对于客观报道原则进行了规定:"中立——清楚区分新闻与意见的报道方式。新闻报道绝对不应掺杂任何形式的意见或偏颇"。一些专家学者对于客观性在新闻专业主义中的基础地位给予了充分肯定。黄旦认为,"客观性是西方媒介专业化的一个标志"④。展江认为,"客观性的本质在于从事实中寻求真相,它要求新闻工作者在新闻处理中做到:(1) 公开事实;(2) 超然物外;(3) 公正平衡"⑤。

---

① 黄旦:《传者图像:新闻专业主义的建构与消解》,复旦大学出版社2005年版,第73页。
② 弗雷德里克·S.西伯特、西奥多·彼得森、威尔伯·施拉姆著,戴鑫译:《传媒的四种理论》,中国人民大学出版社2008年版,第75页。
③ 黄旦:《传者图像:新闻专业主义的建构与消解》,复旦大学出版社2005年版,第73页。
④ 黄旦:《传者图像:新闻专业主义的建构与消解》,复旦大学出版社2005年版,第68页。
⑤ 迈克尔·埃默里,埃德温·埃默里,南希·L.罗伯茨著,展江译:《美国新闻史》,中国人民大学出版社2009年版,第11页。

可见，客观性为新闻报道确立了一条底线，即忠实地反映新闻事实，不仅不允许撒谎和欺骗受众，也不允许偏袒任何一方。即使发表评论，也必须将记者观点与新闻事实分开。客观性原则产生的基础，是相信受众有足够的智慧来根据记者提供的事实进行自主分析和判断，相信受众有独立思考的能力。客观性原则不仅是对于新闻事实的尊重，也是对受众的尊重。弗雷德里克·S.西伯特在《传媒的四种理论》中指出："人是理性的动物，人本身就是目的。个人的快乐和幸福才是社会的目标。人作为一个有思想的生物，有能力组织周围的世界，做出促进自身利益的决定。"①在客观主义者看来，事实是脱离人的主观意志而独立存在的。新闻记者的本职工作是将新闻事实原原本本地呈递给受众，然后接受受众的检阅和评析。由此，新闻客观主义重视和强调新闻的"本色"和"原汁原味"，反对过度加工、过度编辑和多重把关。因为，每一个加工和把关的环节，都有可能造成新闻信息的流失，或者带来对新闻事实的曲解和误读。在客观性原则的指导下，美国的新闻媒体非常重视在新闻报道中将事实与评论截然分开，其媒体的新闻报道部门和新闻评论部门也单独分设，职责非常明确。

笔者赞同这样的观点：客观性报道不同于"让事实说话"。"让事实说话"只是一种报道方法和宣传策略，其本意是精心选择有利于自己的"事实"，而使受众只见树木、不见森林。客观

---

① 弗雷德里克·S.西伯特、西奥多·彼得森、威尔伯·施拉姆著，戴鑫译：《传媒的四种理论》，中国人民大学出版社2008年版，第31页。

性报道本身就有客观、全面、如实反映新闻事实的意义。客观性离不开全面性。为了确保记者在新闻报道中公正客观中立,美国媒体还确立了一套具体的操作规范:① 以倒金字塔方式在第一段简述基本事实;② 以五个"W"报道;③ 以第三人称语气报道;④ 引述当事人的话;⑤ 强调可以证实的事实;⑥ 不采取立场;⑦ 至少表达新闻事实的两面。①

二、新闻专业主义强调新闻自由(Freedom)

新闻专业主义对于新闻自由的推崇,源于自由至上主义。自由至上主义主张天赋人权,人在本质上是独立而自由的,人的个体天生具有理性和独立思考能力等观点。社会契约论、天赋人权论、人类生而平等论,是新闻专业主义最深层的思想渊源。自由至上主义与天赋人权论、社会契约论与人类生而平等论等在核心问题上的答案是一致的。自由至上主义最为经典的一句名言是美国人巴德里克·亨利于1775年在维吉尼亚议会演讲中所说的:"不自由,毋宁死(Give me liberty or give me death)。"

弗雷德里克·S.西伯特说,"自由至上主义理论的原则也是建立在对人的本性、社会的本质、人与社会的关系以及知识和真理的本质这些问题的回答上的"②。社会契约论的代表人物卢梭在《社会契约论》中声称"每个人生下来便是自由和平等的",并对

---

① 黄新生:《媒介批评》,五南图书出版公司1995年版,第31页。
② 弗雷德里克·S.西伯特、西奥多·彼得森、威尔伯·施拉姆著,戴鑫译:《传媒的四种理论》,中国人民大学出版社2008年版,第31页。

社会契约论这样进行总结:"我们每个人都把自己的人身和全部力量共同置于普遍意志的最高领导之下,我们接受每个成员进入集体,作为整体不可分割的一部分"[①]。在自由至上主义旗帜的指引下,新闻专业主义将新闻自由、表达自由和言论自由奉为圭臬。

在欧美等西方国家,新闻自由被视为表达自由的一部分,也被视为人类生存的最基本的权利之一。美国著名宪法学者爱默森认为,表达自由既是个体自我实现的基本手段,也是民主政体得以正常运行的前提[②]。美国宪法第一条修正案规定:"国会不得制定下列法律:确立宗教或禁止宗教自由;剥夺人民言论或新闻出版自由;剥夺人民和平集会及向政府请愿申愿之权"。1735年,发生在美国的著名的"曾格案件",就是关涉新闻出版自由的典型案例。此案因名律师安德鲁·汉密尔顿(Andrew Hamilton)的伟大抗辩并胜诉而留名青史。汉密尔顿在法庭辩论中说:"大自然和我们的国家的法律赋予我们应有的权利:自由——就是把事实真相说出来和写下来,用以揭露和反抗专断权力的自由——和真理"。在美国的历史上,新闻自由主义功不可没。因为它曾一度挽救了陷于堕落和腐败的美国社会。20世纪初,美国社会贪污成风,腐败横行,道德水平滑坡,社会矛盾尖锐,整个社会管理体系大有土崩瓦解之势。在此关键时刻,以记者林肯·斯蒂芬斯(Lincoln Steffens)为代表的新闻界人士,掀起了影响深远的"扒粪运动"(Muckraking)。这场以反击罪

[①] [法]让-雅克·卢梭著,杨国政译:《社会契约论》,陕西人民出版社2004年版,第12页。

[②] 王四新:《表达自由:媒体与互联网》,《国际新闻界》2007年第5期。

恶、促进改良为主要目的的新闻揭丑运动，历时10年之久，不仅有效揭露和惩治了美国社会的种种丑恶，促进了美国的法制完善，扭转了社会风气，进而挽救了美国的命运，更使新闻自由、言论自由的观念深入人心。

当然，新闻专业主义在强调表达自由和新闻自由的同时，也强调对于公民合法权益的保护，包括对于公民隐私权的尊重。认为新闻自由是有限制的自由，媒介在传播信息的同时，不得损害别人的正当权益。然而在自媒体时代，信息传播趋于多元化和复杂化，网络出现了异化现象。钟瑛教授认为，"网络异化助长了各种社会异端，并在某种程度上导致社会道德水平的下降，从而引发新的社会犯罪"①。近年来，网络技术的发展和自媒体平台不断出现，为谣言滋生和网络侵权提供了便利。造谣和侵权者几乎不费气力就能使受害者陷于极其难堪的境地，而"遗憾的是，辟谣必须严格遵循正式宣布的固定形式，不可能寄希望于让大众媒介反复传播"②。这使得表达自由和言论自由，在自媒体时代也会出现异化的情形。"人肉搜索""网络推手""网络打手"有时就直接成了损害公民隐私权等合法权益的工具。

三、新闻专业主义强调媒介的社会责任（Social Responsibility）

社会责任论是新闻专业主义的伴生物，也是新闻专业主义

---

① 钟瑛：《网络传播伦理》，清华大学出版社2005年版，第78页。
② ［法］让-诺埃尔·卡普费雷著，郑若麟译：《谣言：世界古老的传媒》，上海人民出版社2008年版，第260页。

发展的必然结果,因为20世纪初美国新闻界发起的"扒粪运动",后来出现了自由被滥用的趋向。很多人看到,一些记者和新闻媒体打着言论自由的幌子,却肆意践踏别人的自由和正当权利。于是,自由至上主义越来越受到人们的普遍质疑,纯粹的不受任何约束的自由至上主义逐渐被社会责任论所代替。

实际上,大众传媒作为面向社会公众的信息产品,经常性地影响着受众的观念和生活,理所当然地应承担起一定的社会责任。而且,自由和责任从来就是一对孪生兄弟。从来没有无自由的责任,也没有无责任的自由。新闻媒体承担起应负的社会责任,也是为了防止自由被滥用和保护公众利益,从而更好地保护新闻自由。1947年,美国新闻自由委员会发布的《哈钦斯报告》就明确指出:"新闻自由是危险的","完全的自由和绝对的自由是没有的","缺少限制的自由只是一种幻想"。所以,新闻专业主义所推崇的新闻自由主义,是有限制的自由主义。换句话说,新闻专业主义推崇的是社会责任论框架下的自由主义。

而媒介和新闻记者的社会职责是什么?从新闻专业主义萌芽以来,很多人都在试图回答和解释这个问题。

美国著名报人约瑟夫·普利策认为,新闻记者的职责是守望社会。他曾经说过:"倘若一个国家是一艘航行在大海上的船,新闻记者就是船头的瞭望者。他要在一望无际的海面上观察一切,审视海上的不测风云和浅滩暗礁,及时发出警报。"但是这毕竟是一种比喻的说法。实际上,新闻记者所应担负的社会责任是具体而现实的。西奥多·彼得森认为,社会责任理论下的传媒被赋予了6项任务:① 为政治制度服务,提供有关公共事务的信息、观点和讨论;② 启发民智,使之能够自治;③ 监督政府,保障个人权利;④ 为经济制度服务,利用广告沟通买卖双方的商品和服务;⑤ 提供娱乐;⑥ 保持经济自立,不受特殊利益集团的压迫[①]。

综合《哈钦斯报告》和西奥多·彼得森等人提出的观点,本书认为,新闻专业主义倡导的媒介社会责任可以归纳为如下几个方面:

(1) 媒介要站在大众的立场,以服务公众、服从公共利益为己任,为社会政治经济制度服务。新闻媒介要以国家和社会公共利益为最高行动标准。国家和社会公共利益是媒介的最高社会责任(Serve the Public)。

(2) 媒介要向大众及时提供真实、准确、全面和负责的新闻信息。满足大众通过媒介了解社会、掌握真相的知情权(Tell the Truth)。

(3) 媒介要反映人民群众的意见、愿望和呼声。《哈钦斯报告》提出,媒介要成为公众"交换意见和批评的论坛"。尤其重要的是,媒介要认真倾听持不同意见者和反对者的声音,要使每一种意见和观点都有充分表达的机会(Change Opinions)。

(4) 大众传媒要主持和伸张社会正义,抵制和抨击那些不正当及邪恶的现象,大胆揭露各种贪污腐败、徇私枉法行为(Justice)。

---

① 弗雷德里克·S.西伯特、西奥多·彼得森、威尔伯·施拉姆著,戴鑫译:《传媒的四种理论》,中国人民大学出版社2008年版,第62页。

（5）大众传媒要体现人文关怀，关注人性和人的健康、安全、尊严、幸福（Humaneness）。

（6）大众传媒要倡导自由、平等观念，并主张有限制的自由主义（Freedom and Libertarianism）。

（7）媒介要监督政府，监督权贵阶层，洁身自好，保持自身的独立性，不受别人的指使和干扰（Be Independent and Monitor the Powerful Persons）。

四、新闻专业主义强调职业化教育和程式化操作

像建筑、医疗、法律等其他专业一样，新闻专业主义非常看重新闻报道自身的职业特点和程式化操作流程，认为新闻报道有自身的内在逻辑和美学价值。新闻报道如同工厂里的流水作业一样，是可以按章操作的，而且有着标准化的操作规程。美国新闻自由委员会在《哈钦斯报告》中明确提出，新闻界应"从事专业化那样标准的公共服务"。新闻专业主义认为，新闻工作者是社会上不可缺少的职业，具有不可替代性。其职业技能和知识需要进行专业培训和系统学习才能获得。新闻报道有着稳定的规律和内在逻辑，其议程设置、采访报道、编辑加工、审稿把关等每一个环节和流程，都存在着特殊的专业技巧和操作方法，而这些都必须通过职业教育和新闻实践逐渐积累知识与经验才能臻于成熟。由此，专业教育和从业资格考试不可或缺。

新闻专业主义得到社会认可并被人们有意识地用于指导新闻实践的重要标志，就是大学开设新闻专业和设立新闻院系。美国新闻理论的开拓者、现代报纸的奠基者、"黄色新闻"

的创始人约瑟夫·普利策就非常重视对记者进行职业培训。1903年4月,约瑟夫·普利策决定向哥伦比亚大学捐资250万美元,创建新闻学院(该学院于1912年正式建立),另出资50万美元设立了普利策新闻奖,用以培养新闻行业的专门人才。1908年,美国著名学者沃尔特·威廉斯(Walter Williams)创建密苏里大学新闻学院。到1920年,美国就有131所大学开设了新闻院系或专业。1911年,沃尔特·威廉斯还亲自为密苏里大学新闻学院第一批毕业生制定了《记者守则》。从那时起,新闻学专业和新闻教育开始在全世界逐步发展起来。

在中国,新闻专业教育开始于1929年。是年9月,复旦大学创办了中国最早的新闻系。新中国成立后,尤其是改革开放以来,新闻专业教育在中国大陆发展迅速。有资料表明,截至2009年底,我国大陆共有736所高校开设了新闻学、传播学等传媒专业,新闻学、广播电视新闻学、广告学、传播学、媒体创意、动画、广播电视编导等本科专业学科点共计1 844个[①]。

现在,几乎所有的人都不会怀疑,要成为一个合格的新闻专业工作者,需要进入新闻院系学习或参加专门的培训。一个人如果不接受系统的训练并通过职业入门考试,是很难进入新闻行当的。而进行正规的职业教育和设立行业规范,正是一种职业专业化的象征。在美国,新闻职业的行业规则和职业道德规范在新闻专业主义确立后就逐步建立起来了。1923年,美国的

---

① 国家广播电视总局、中国广播电视年鉴编辑委员会编纂:《中国广播电视年鉴2010》,中国广播电视年鉴社2010年版,第636页。

报纸主编协会制定了《新闻准则》(Canons of Journalism); 1934年，美国记者公会制定了《记者道德律》。我国的新闻行业道德规范制定得比较晚。1991年1月，中华全国新闻工作者协会制定和颁布了《中国新闻工作者职业道德准则》; 1997年1月，中央宣传部、国家新闻出版署等单位联合颁发了《关于禁止"有偿新闻"的若干规定》; 1999年12月，中国报协制定了《中国报业自律公约》。联合国新闻自由委员会、国际新闻记者联合会也先后颁布了《国际新闻道德信条》《记者行为原则宣言》等文件。世界范围内，新闻专业教育的深化和行业规则的逐步完善，推动了新闻专业化水平的进展。前沿的新闻专业教育，已经向媒体创意、动漫、数字媒体技术、新媒体技术等领域延伸。21世纪以来，网络技术的发展与新闻实践的深入，给新闻职业教育带来了许多新的课题。新闻媒介的职业分工正越来越细，早已突破"采、写、编、评"等传统套路。要成为合格的新闻记者也面临着更多的挑战和压力。

第三节　新闻专业主义的发展困境和前景

在互联网兴起之前，新闻专业主义发展的社会环境基本稳定，尽管一直受到理论和实践的双向挑战，但是仍能得到多数新闻从业者的拥护和坚守。然而，随着互联网技术的兴起和发展，尤其是自媒体、全媒体和融媒体时代的到来，新闻信息的生产流程和传播环境都发生了前所未有的变化。"新媒介技术推动了新型传播交往关系的形成,并在很大程度上解构了传统意义上的新闻专业主义,以公民新闻网站、新闻网志、微博等为代表的非专业型新闻生产撼动了科层式的新闻传媒机构,使专业传媒机构的专属权力扩散化、弱化"[1]。正如传媒大亨默多克所言,"权力正从我们这个行业的旧式精英——编辑、首席执行官和媒体所有者那里转移出去,我们还是面对现实吧"[2]。由此,传统的新闻专业主义发展,也遇到了现实的困境。

一、新闻专业主义在新媒体环境中的发展困境

在以广播、电视、报纸为代表的传统新闻时代,新闻媒体的报道以新闻"五要素"为核心。传统的新闻报道以新闻专业主义为基本价值取向,新闻报道往往是媒体机构的组织行为,新闻记者通常是代表着某个媒体机构(报社、广播台、电视台等)从事新闻采访和报道活动。而随着信息技术的进步和自媒体时代的到来,人人都可以成为"记者",人人都是"社长""台长""总编",每个人都可以拥有自己的媒体并随时发布信息。博客、维客、微博、微信、微视、BBS、QQ以及电子邮件客户端等传播载体,为公众发布"草根新闻"[3]"个人新闻""独家信息"等创造了充分条件,也直接对新闻专业主义的理论和实践带来现实挑

---

[1] 刘丹凌:《新媒体语境下新闻专业主义的解构与重构》,《中州学刊》2012年第1期。
[2] 李渊:《直面博客冲击波》,《人民日报》2006年3月29日第7版。
[3] 草根新闻是指普通网民创作和发布的新闻信息。他们没有接受过新闻专业训练,所报道的内容很可能有失偏颇。所以,草根新闻也指那些令人怀疑其可靠性的新闻。

战。这主要表现在以下几方面:

(一)新闻生产主体趋于多元,个人素质良莠不齐

在新媒体和自媒体时代,由于人人都可以成为记者,而草根记者和普通网民的教育背景、生活经历、价值观念各异,致使他们对于新闻事件的关注角度、认知取向都各不相同。实际上,由于没有接受过专业训练,很多网民发布的信息或是"道听途说""捕风捉影",谬误极大,或是"一鳞半爪""挂一漏万",只见树木不见森林。还有一些网民和自媒体专栏作者,在发布信息时喜欢添油加醋,妄加揣测和评论,从而影响了受众对于新闻事实的正确理解与判断。近年来发生的网络暴力和网络群体事件,实际上跟一些网民发布的不负责任的信息有很大的关系。

(二)新闻生产流程把关不严,客观性原则在一定程度上遭到破坏

我们知道,传统媒体的把关一般都要遵循"三审三校"制度。而在新媒体时代,对于草根网民来说,把关人通常只有一个人,即信息发布者本人。把关不严甚至缺乏把关人,是自媒体信息普遍存在的现象。由此,在网络媒体和自媒体作者那里,所谓的新闻专业主义根本无法得到有效保障。

(三)新闻生产主体出现泛化,主流媒体的话语权遭受挑战

在自媒体时代,新闻记者的"专业优势"已经大不如前。一方面,传统媒体在新闻时效性方面的优势大减。甚至可以说,时

效性已经成了传统媒体的一大短板。而在新媒体时代,草根网民们发现新闻、发布新闻的速度,已让一般传统媒体难以望其项背。很多新闻事实都是先在网络中形成舆论热点,然后才引起传统媒体的关注。另一方面,传统的专业媒体在信息发布、舆论引导、话语权把控等方面的主流地位亦受到挑战。随着新媒体平台的不断开发,"网络大V"可以不经过专业的新闻培训,仅凭个人的网络影响力就可以获得庞大的关注量。有的"网络大V"的粉丝数量,高达数百万甚至上千万。这些"网络大V"可以说比一般媒体的受众量还要多,影响力还要大。

在融媒体时代,传统传播模式中的"受众"越来越多地成为新媒体环境下的"传播者"。人们越来越多地依赖手机和网络。新媒体传播方式越来越多,也越来越重要。"公民新闻"[①]成为融媒体时代的一个显著现象。"公民新闻"在"两个舆论场"[②]之中,成为民间舆论场的重要话语方式,并在一定程度上对传统新闻专业主义理论产生挑战。近年来,大众媒介出现了"小众化"和"个人化"的趋势,甚至出现了为个人定制的新闻。在这种情形之下,以新闻专业主义为代表的传统新闻理论,已经难以适应自媒体时代新闻传播实践的现实需要。实践总是走在理论的前

---

① "公民新闻"至今尚未在新闻业界形成统一概念和明确定义。通俗地讲,可以将公民新闻理解为"业余新闻工作者,通过各种社交手段特别是互联网等一对多的信息传播平台,所发布的新闻或信息"。
② "两个舆论场"的概念最早是由原新华社总编辑南振中于1998年首次提出的。意指在现实生活中,存在着两个舆论场:一个是由党报、国家通信社、官方电台和电视台等主流媒体形成的"官方舆论场",另一个是指民间尤其是互联网中自媒体和各种网络平台等形成的"民间舆论场"。

面，在新闻传播领域也不例外。融媒体时代的发展大势，迫切需要传统新闻理论不断发展和创新。

二、新闻专业主义在新媒体环境下的发展前景

"公民记者"促使"公民新闻"大行其道。较之于传统新闻专业主义倡导的客观报道、言论自由、社会责任、程式化操作等，公民新闻在生产与传播过程中，更多地表现出"主观性""个性化"和"去中心化"。然而，一些人对自媒体时代的新闻专业主义发展持乐观态度，认为融媒体传播方式并不能够对新闻专业主义产生威胁。相反，他们相信传统新闻专业主义在新的传播环境下，能够与时俱进，产生新的增长点和思想内涵，并在实践中对于新闻生产产生更大的影响。

笔者认为，在新媒体环境下可以通过实践"低碳"理念，坚守并发扬新闻专业主义。在自媒体时代倡导低碳新闻具有现实意义。普通网民因受专业能力和知识水平的限制，在信息传播和新闻实践中，往往事倍功半，造成过多的时间和资源浪费；大众新闻媒体的个性化、小众化和精准化传播，更需要倡导和实践低碳新闻理念。所以在自媒体时代，无论是网民个人的信息传播还是媒介组织的大众传播，都需要倡导和实践低碳新闻理念。

（一）坚持低碳新闻理念，着眼新闻细节，善于传播细节新闻

在自媒体时代，"细节新闻"将成为新闻传播的一种新常态。所谓"细节新闻"，是指只关注某一细节、局部或要素的新

闻。在融媒体时代,细节新闻现象是普遍存在的。本书认为,普通网民个人通过自媒体平台发布新闻信息的时候,因其受专业能力、认识水平和思想观念等因素的限制,其对新闻要素的报道往往不够全面,甚至有失偏颇。他们往往只关注事物的某一局部和某一方面进行报道或分析,有时只关注某一新闻的细节。比如"草根新闻"会简单地发布消息说:"92号成品油要降价"。至于降价的准确时间、降价幅度以及其他相关油品标号等等具体细节,"草根新闻"可能就不甚了了。不可否认,这种不够全面的新闻报道也是对新闻事实的一种反映,是对新闻的"瘦身",也是低碳新闻传播的一种现象。但是,这样的"低碳新闻",并未能达到有效报道新闻的目的。真正的低碳新闻,至少新闻的基本要素尤其是五要素应该是齐备的。当然,在新媒体时代,我们不能用专业的眼光去苛求"公民记者",不能要求他们的新闻报道一定要非常符合新闻专业主义的标准。有时候,新闻媒体可以把"公民新闻"的这种"半成品"报道,当作有一定意义和价值的新闻素材与线索。新闻媒体可以在网民提供的信息线索的基础上,作进一步发掘和报道。

(二)坚持低碳新闻理念,还原新闻真实,发挥"影子新闻"的作用

在自媒体时代,存在着"影子新闻"现象。所谓"影子新闻",就是普通网民在传播新闻信息的时候,因受到眼界、能力、知识、阅历和认识水平的限制,往往会捕风捉影,或添油加醋,或妄加臆测,他们传播的新闻信息往往支离破碎,很难做到全面、

客观、公正。他们传播的信息,犹如真实新闻事实的影子,若隐若现,若有还无。但是,这种"影子新闻"也并非完全空穴来风,而是多多少少有可信的成分。网民传播的这种部分真实的新闻信息,犹如客观的新闻事实的影子,若隐若现,飘忽不定,故称"影子新闻"。"影子新闻"可为新闻媒介和记者提供有价值的新闻线索,也从另一方面为职业新闻记者展示专业分析能力、担负媒体的社会责任提供了机会。

(三)坚持低碳新闻理念,深入加工分析,丰富新闻内涵,充分利用"无作者新闻"

在自媒体时代,有些新闻信息是众多网民汇集和加工的结果,并无明确的作者,我们姑且称之为"无作者新闻"。在利用网络、手机等新媒体传播的过程中,新闻信息经过多次转发、加工、改造,与初始的信息相比,可能已经面目全非。信息传播的中间环节和"中转站"越多,被加工和改造的概率也就越大。这样的新闻信息,已很难查证出确切作者,而且这样的新闻信息,将会一直被改造和传播下去,只有开始,没有结束,一直处在传播的路上,甚至演化成为网络谣言。新媒体时代的新闻记者,要能够辨析这种新型的新闻传播方式,在分辨真伪的基础上,减少信息冗余,分类整理出不同的利益观点和背景资料,从中萃取更多、更大的新闻价值。

(四)坚持低碳新闻理念,深入挖掘"休眠新闻",扩大其新闻价值与效用

自媒体时代,信息类别繁冗复杂、真假难辨,而且经常以碎

片化形式出现,容易造成部分新闻的"休眠"现象。所谓"休眠新闻",意即有的信息犹如处于休眠状态,一旦被唤醒就具有新闻价值和传播价值。"休眠新闻"往往时效性不强,但是有潜在的利用和传播价值。新媒体时代,新闻记者要认识到"休眠新闻"的价值,善从一些历史资料、过时的信息,乃至历史典故中查询有价值的信息,结合时代活动赋予其新的意义,从而让"旧闻"复活,变成"新闻"。这也是对低碳新闻理论的一种实践。

严格说来,低碳新闻理论与新闻专业主义有异曲同工之处。它们在本质上,都是要求"精耕细作"和精细化操作,要求尽善尽美。换句话说,倡导低碳新闻和追求新闻专业主义,是完美主义在新闻专业领域的一种体现。然而,新闻专业主义毕竟起源于西方国家,简单地照搬照抄肯定会"水土不服"。传统的新闻专业主义需要植入中国元素,尽量做到"中国化"和"本土化"。传统的新闻专业主义只有与中国国情相结合,才能在中国的大地上焕发新的生命力,也才能适应新时代的变化和发展。

第五章 自媒体时代与新闻专业主义

第一节　自媒体与融媒体

进入21世纪以后,随着经济的发展,特别是移动互联网和移动智能终端的普及,融合媒介正越来越深刻地影响着人们的生活。对于一个现代人来说,没有手机和离开手机,简直无法生存。因此,研究低碳新闻的生产与传播,无论如何也绕不开对当下新兴媒体的认识与了解。

一、自媒体与融媒体的由来

（一）自媒体的由来

当下,人们常把普通网民("草根")经常使用的媒体,如微信、微博、网络论坛、QQ等称为"自媒体"。所以,自媒体也可以被称为"草根媒体"。根据自媒体的产生条件和传播特点,可以说自媒体是在互联网时代,普通大众用以自行生产、发布新闻信息的媒介工具,包括门户网站、空间、博客、微博、微信、QQ、贴吧、网店、手机Web、APP等诸多形态。

在网络兴起之前,报纸、广播、电视等主流媒体的主流传播方式是"一对多"。万维网使"读—写—传"成为现实,为个人传播信息言论创造了条件。2003年崛起的博客可以说是最早的自媒体工具。丹·吉摩尔在《草根媒体》①一书中写道:"我知道我得到的新闻远比美国国内任何只看电视、听收音机或读报纸的人更为全面。我得到的新闻更加完整、更多变。事实上,我编出自己的新闻。"

自媒体概念最早起源于美国新闻学会媒体中心于2003年7月发布的"We Media(自媒体)"研究报告②。报告对"自媒体"的定义是:"普通大众经由数字科技强化、与全球知识体系相连之后,一种开始理解普通大众如何提供与分享他们自身的事实、他们本身的新闻的途径。"

作为新生事物,自媒体研究一度引起学界热切关注,并逐渐认识到自媒体传播在参与性、时效性上的优势,以及在专业度、可信度上的缺憾。但是,一直以来,学界对于自媒体概念的界定尚未形成统一定论。

(二)融媒体的由来

2014年10月25日,《光明日报》率先推出融媒体版并成立融媒体中心,融合发展后的媒体,既不是单纯的新媒体,也不是一成不变的纸质媒体,而是融合之后的"融媒体"③。

关于融媒体,最初国外学者是将其与全媒体、三网融合一起进

---

① [美]丹·吉摩尔著,陈建勋译:《草根媒体》,南京大学出版社2010年版,第9页。
② "We Media"研究报告由谢因·波曼与克里斯·威理斯联合提出。
③ 光明网:《光明日报成立"融媒体中心",推出融媒体版》,《光明日报》2014年10月25日。

行捆绑式研究的。许多国外学者认为,可以通过三网融合,实现文字、图片、声音、动作的全息式传播,建设一种理论上可行的"全媒体"。最初,"全媒体"比"融媒体"更加引人关注,关于媒体发展趋势、媒介融合的环境分析、受众分析等方面的研究成果骤然增多。

随着研究的逐步深入,学界对于全媒体有了更加客观的认识,部分学者开始认为"全媒体是一种全新的信息生产方式和传播观念"[1]。还有学者认为"全媒体是在传播应用层面上流行的一个概念。它本身并不是一个实体性的媒体,而是在具备文字、图形、图像、动画、声音和视频等各种媒体表现手段的基础上进行不同媒体形态(平面媒体、电视媒体、广播媒体、网络媒体、手机媒体等)之间的融合,产生质变后形成的一种新的传播形态"[2]。虽然当前"全媒体"与"融媒体"的界限依旧模糊,但是人们开始理性地认识到,媒体更新换代日益加剧,社会分工日趋详细,至少在可预见的短暂时期,很难出现一种可以囊括所有媒体形态,并能顺利融合多种媒体发展的"全媒体"。"全媒体"代表了"理论"上的可行性,而"融媒体"却具有"现实"上的可行性,因为"融媒体是充分利用互联网这个载体,把广播、电视、报纸这些既有共同点,又存在互补性的不同媒体在人力、内容、宣传等方面进行全面整合,实现'资源通融、内容兼融、宣传互融、利益共融'的新型媒体"[3]。就此,"融媒体"概念开始更多地进

---

[1] 姚君喜、刘春娟:《全媒体概念辨析》,《当代传播》2010年第6期。
[2] 陈少波:《全媒体视野下的媒体融合及其运营和盈利模式》,《浙江传媒学院学报》2010年第5期。
[3] 庄勇:《从"融媒体"中寻求生机的思考与探索》,《当代电视》2009年第4期。

入人们的视野。一个"可弯曲的显示器"[①]可以接收报纸、电视、电脑等多种不同的媒介传播内容。

简言之,融媒体就是基于互联网传播平台,以实现共同目标为前提,将相关媒体的资源、设施、内容、人员、市场等进行有机整合,实现共同生产、共同传播、共享利益的一种媒介整合方式。

二、自媒体与融媒体的传播学比较

从传播学的角度而言,自媒体与融媒体可以说是相辅相成、互相支撑和补充的。自媒体与融媒体,虽然不是同一个概念,但是,又是密不可分的,甚至是"你中有我,我中有你"。我们在探讨自媒体的时候,离不开对于融媒体的分析;反之亦然。所谓"自媒体",实际上是以受众为中心的媒体,是以普通网民为传播主体的媒体;所谓"融媒体",实际上是媒介机构(包括普通受众和网民),运用多种形式和手段,建立的复合型立体式的传播渠道。可以说,自媒体是从传播的主体而言的,融媒体是从传播的方式而言的。目前,在新闻传播实践领域,融媒体更多的是指称一种新闻传播理念。自2014年光明日报社成立"融媒体中心"以来,很多媒体机构和地方宣传部门,纷纷成立了"融媒体中心",意图把所属的广播、电视、报纸、网站的采编播人员与资源整合在一起,提高新闻宣传报道的效率和效果。目前,各地融媒体中心的建设和实践尚在探索之中。其中,不乏出现一些"拉郎配""换汤不换药"等

---

① 美国《连线》杂志评出的"2008年10大科技突破",其中有一项即这种像纸张一样的柔性显示器,为电子报纸彻底商品化提供了可能。

乱象。融媒体中心的建设和发展,值得进一步考察和评估。

自媒体与融媒体,在许多方面有不同之处。表5-1是关于"自媒体"(We Media)与融"媒体"(Media Convergence)之间的对比分析。

表5-1 "自媒体"与"融媒体"的对照分析表

	自媒体(We Media)	融媒体(Media Convergence)
传播组织	(1)媒介小众化,信息传授更加方便。可以随时随地发布新闻信息 (2)准入门槛降低。在移动互联网和手机客户端日益普及的时代,理论上人人皆可创办属于自己的媒体,发布自己的所见所闻。面对无限的传播空间,信息生产与传播几乎实现了"零成本、零技术、零编辑、零把关" (3)传播组织个体化。自媒体传播,基本是个体行为,组织机构观念弱化。这也是一部分自媒体内容因为缺少把关影响品质而遭受诟病的原因之一	(1)媒体之间的壁垒被打通。融媒体发展带来的最重要的变化就是打通不同媒体在资源、技术、产品、人才、市场、资本等方面的壁垒,使融合之后的媒介边界由清晰变得模糊 (2)传播组织和协调的难度加大。多种媒介重新整合,组织机构复杂化。融媒体使得传播载体的组织整合工作变得复杂 (3)融媒体的生产过程,须调动诸多资源和平台。其传播内容也涵盖多种形式,涉及面广,组织难度较大
传播效果	(1)受众主动细分,信息接受度高。自媒体可分为日常社交类、自主营销类、商业功用类等类型。自媒体受众根据个人需求,或自行加入不同的"圈子"开展互动;或主动搜索和关注,主动接受信息。自媒体的受众,基本是自动分类的,活动范围相对稳固持久	(1)融媒体的传播形式多种多样,覆盖面广,可以实现"网站滚动播报、社交媒体同步直播、视频节目跟踪解读、纸质媒体纵深报道"的立体化报道方式。融媒体可整合各类媒体优势,交叉覆盖,信息到达率高

(续表)

	自媒体（We Media）	融媒体（Media Convergence）
传播效果	（2）传受方便，互动频繁。自媒体传播颠覆了传统的传受关系，实现了"传受一体"。传者即是受众；受众即是传者。自媒体传播的便捷和互动是其他任何传统媒体都无法比拟的。较之以往的传播方式，自媒体传播更加方便和及时	（2）信息接受方便，以一种终端便可接受全方位和多样性的信息 （3）信息量更大。能够提供海量信息，是融合媒介具有的巨大优势。理论上，融媒体可以在短时间内将涉及某一议题的信息，最大限度地整合在一起，使得受众在短时间内掌握全面和丰富的信息。这是自媒体所不具备的优势
核心竞争力	（1）自媒体"速度为先"。自媒体在传播速度和内容的贴近性方面具有独特优势。特别是与公众利益、民众生活、休闲活动密切相关的信息，能瞬间得到扩散 （2）高度的自主性与贴近性。对于网民来说，自媒体就是"我的媒体"。其传播内容和形式，完全由网民根据自己的意愿决定，自媒体具有高度的贴近性，并具有传播主体鲜明的个性	（1）融媒体的最大优势，可以把信息整合成为"百科全书"，成为集大成式的媒体。融媒体可以最大限度做到"内容为王"。可将传统媒体与新媒体的优势发挥到极致，使原先单一媒体的竞争力演化为多媒体联盟间的共同竞争优势 （2）融媒体的核心竞争力仍旧是原创内容。尽管传统媒体的信息发布权正不断受到个人用户的挑战，但是，内容原创尤其是在融合中原创，仍然是融媒介所追求的重要目标

第二节 自媒体时代信息传播的方式和特点

众所周知，近年来，随着网络媒体、手机媒体和数字技术的发展，世界范围内的传统媒体受到了前所未有的挑战。从东方到西方，从国内到国外，传统媒体尤其是报纸、杂志普遍江河日下，受到了颠覆性的冲击。张志安教授考察美国新闻界发现，"以google为代表的网站、以iphone为代表的手机、以ipad和Kindle为代表的阅读器，正在深刻改变美国人的信息接触行为和习惯。网络时代，传统新闻业正在痛苦地进行变革、探索，以寻求新的盈利模式和生存之道"[①]。在新媒体的冲击下，欧美国家的报刊于2009年开始出现倒闭风潮。仅2009年上半年，美国就有105家报纸关闭。美国第二大报业集团论坛报公司（Tribune Co.）当年宣布申请破产保护；一些老牌报纸如《西雅图邮报》《基督教科学箴言报》已经放弃出版纸质报纸，改出网络版。

毋庸置疑，当今的世界，自媒体时代已经翩然而至。

什么是自媒体？美国新闻学会于2003年7月出版了由谢因·波曼与克里斯·威理斯两个人联合提出的"We Media（自媒体）"研究报告，对"We Media（自媒体）"下了比较严格的定义："We Media是普通大众经由数字科技强化、与全球知识体系相连之后，一种开始理解普通大众如何提供与分享他们本身的事实、他们本身的新闻的途径。"[②]美国著名硅谷IT专栏作家丹·吉摩尔给自己的专著起的标题是：《自媒体：草根新闻，源于大众，为了大众》（*We the Media: Grassroots Journalism by*

---

① 张志安：《融合时代的变与不变——美国传媒业考察随感》，《南方传媒研究第25辑　iPad与传媒2010》，南方日报出版社2010年版，第1页。
② 邓若伊：《论自媒体传播与公共领域的变动》，《现代传播》2011年第4期。或参见百度·百科网"自媒体词条"。

the People, for the People)。还有人认为,自媒体就是"为消费者创造的媒体""受众自主媒体""消费者自主媒体",如Blogs、Wiki、BBS、SNS等。自媒体的概念由美国市场咨询公司2004年发布的研究报告《消费者产生的媒体(CGM):网络增强时代的消费者口碑》正式提出[①]。

笔者认为,自媒体就是"我的媒体",就是普通民众,尤其是草根网民依据自己的意愿,自主搭建、组织和管理的信息发布平台。在网络社会,自媒体传播的主要形式为博客、微博、微信、BBS、QQ、SNS(社交网络)、飞信、贴吧等。在自媒体环境中,信息传播者拥有随时随地发布信息、管理信息的权利,可以随时随地地实现一对一、一对多的信息沟通。[②]每一种自媒体形式的传播方式、互动形态各不相同,它们与传统的大众传播媒介(广播、电视、报纸)相比亦有很大不同。

自媒体的发展和演进,始终与技术进步密不可分。从传统媒体到自媒体,变革的根源在于信息技术革命。基于数字技术、互联网技术、移动通信技术的新媒体技术革命,很大程度上是自媒体技术革命。自媒体带来的变革和冲击是多方面的。自媒体不仅在技术上表现为若干种新媒体的兴起,更以崭新的信息消费与传播方式显示其与传统媒体的不同之处。自媒体技术将从根本上颠覆传统的某些新闻观念和报道手法,也将给传统

[①] 杜骏飞主编:《中国网络传播研究》,浙江大学出版社2008年版,第185页。
[②] 王晴川:《自媒体时代对新闻专业主义的建构和反思》,《上海大学学报(社会科学版)》2012年第6期。

新闻专业主义带来观念上的变革。自媒体给人们的媒介消费和传播观念带来的影响与变革,远远没有结束,甚至只是开始。实际上,门户网站(Portal Site)、搜索引擎(Search Engine)、虚拟社区(Virtual Community)、RSS(Really Simple Syndication)、博客(Blog)、维客(Wiki)、网络广播(Internet Broadcast)、网络电视(Web TV)、手机报(Cellular Phone Paper)、手机电视(Cellular Phone TV)等新兴媒体技术,都只是数字媒体向自媒体延伸和发展的过渡形态。在一定意义上说,数字媒体和自媒体发展的"终极"形态将是"融媒体"。可以相信,在不久的将来,人类将逐步进入"融媒体时代"。那时候,报纸、广播、电视、网络、手机、电话等所有媒体都将消失,取而代之的只有一种媒体——"融媒体"。也就是说,"融媒体"能够替代传统媒体和新兴媒体的一切功能。未来的新闻工作者,将是"融媒体记者"和"融媒体编辑"。从这个意义上说,自媒体只是融媒体发展的中间阶段。如果说,传统的大众媒介是以集体力量营办的面向大众的媒介,自媒体就是以个人力量营办的面向大众的媒介;而融媒体则是集体和个人都可以创办与使用的复合型媒介。[1]

随着自媒体的出现,"人人都是记者"的时代也翩然到来。网络、手机等新媒体浪潮的冲击,带给报纸、广播、电视等传统媒体的不仅仅是市场蛋糕的流失,还有新闻观念和传统报道方式的深刻变革。一些资深的"报人""广播人""电视人"一

---

[1] 王晴川:《自媒体时代对新闻专业主义的建构和反思》,《上海大学学报(社会科学版)》2012年第6期。

夜之间突然发现,在自媒体时代,他们已经不会做报纸、广播、电视了,自己先前沿用多年的思维方式和报道方式需要淘汰了。他们先前所掌握的那些采编技能已经不能适应形势发展的需要。在传统新闻专业主义理念下成长的媒体人不得不痛苦地顺应和接受这种变化。①张志安教授认为:"传统媒体和新媒体的'融合',既是当下新闻业的现实需要,也是未来传播变革的基本趋势……实际上,传统媒体从业者必须痛定思痛、改变观点,建立以互联网为核心的融合型、一体化生产平台。"②

自媒体时代对于新闻工作者的技术要求和报道方式跟传统媒体时代大不一样。自媒体时代要求,新闻工作者应从过去掌握单一工作技能就能应付采编任务的工作思路,向"身兼多职""无所不能"的全能型记者转变。即新闻记者不仅要会采访、编辑、撰稿、评论,还要掌握拍照、摄像、动漫制作、非线性编辑以及通过新媒体上传视频和信息等本领。新闻记者不仅要善于从新闻现场捕捉信息、挖掘事实,还要善于使用媒介数据库,从数据库中寻找新闻事实和线索。自媒体时代下的新闻行业工作程序、技术要求、审美标准,以及媒介与受众、媒介与记者之间的关系,与传统媒体时代大不一样。这正是很多从事多年新闻

---

① 王晴川:《自媒体时代对新闻专业主义的建构和反思》,《上海大学学报(社会科学版)》2012年9月(上)。
② 张志安:《融合时代的变与不变——美国传媒业考察随感》,《南方传媒研究第25辑 iPad与纸媒2010》,南方日报出版社2010年版,第7页。

工作的记者、编辑日益感到力不从心的原因。[①]

第三节 自媒体时代对新闻专业主义的反思[②]

自媒体时代下的新闻专业主义,应与时俱进,充实发展。笔者认为,在已经到来的自媒体时代和即将到来的融媒体时代,新闻专业主义面临着一些困境,需要找到新的出路,用以指导发展变化着的新闻实践,并需要反思以下几个问题:

一、新闻报道的第一要务是什么

在传统媒体时代,新闻报道特别重视时效性问题。"抢先发稿""争先恐后"是报纸等传统媒体处理新闻时的基本心态。在传统媒体那里,"第一时间""抢发新闻"恐怕是第一要务。但是为了抢发新闻,经常出现新闻失实甚至讹误百出的情况。而在自媒体和融媒体时代,地球上任何一个角落发生的重要新闻,都能在短短数分钟内传遍全世界。即使一家媒体比另一家提早发布几分钟,对于受众来说,已经没有太大的意义。而受众更关心的,是对新闻事实报道的准确性和深入性问题。笔者认为,在自媒体时代,媒介的首要任务,不再是急匆匆地在第一时间向公众

[①] 王晴川:《自媒体时代对新闻专业主义的建构和反思》,《上海大学学报(社会科学版)》2012年第6期。
[②] 本节内容曾发表于王晴川:《自媒体时代对新闻专业主义的建构和反思》,《上海大学学报(社会科学版)》2012年第6期。

发布"最新消息",而是深入发掘新闻事实,综合分析各种信息,引导受众深入思考,担当引导公平正义。

二、"人人都是记者"预示着记者职业将消亡吗

数字技术产生了自媒体,即"由消费者制造、发动、传播与使用各种线上的信息来源,试图对其他消费者进行有关品牌、产品、服务、个性以及各式议题的'教育'"①。自从Youtube②出现之后,自媒体近年来发展很快。自媒体的传播形态已经从博客、论坛、第三方评论网站、社区俱乐部发展到视频博客(Vlogs)、播客、移动博客、社会性书签、筛选网站、社会性网站等。数字技术使得自媒体如潮水涌现,并使"人人都是记者"变成了可能。理论上说,只要掌握了信息收集、采编和发布技术,每个人都可以拥有自己的报纸、广播、电视和网站。现在,已经有很多人开通了博客、微博、微信和视频博客。将来这一趋势还将继续增强。问题是,"人人都是记者"会使记者这一职业走向消亡吗?笔者认为不会。因为自媒体提供的只是技术平台和信息发布渠道,只是为"人人都是记者"提供了可能性,但是未必人人都愿意成为记者,也未必人人都能胜任记者的工作。未来的记者,是全能型、复合型、思想型的全才记者。换句话说,未来的记者,不仅仅是"观察家",更是"思想家"和"艺术家"。"记者"不仅意味着能够传播信息,还意味着社会责任和担当正义。由经过专业训

---

① 杜骏飞主编:《中国网络传播研究》,浙江大学出版社2008年版,第185页。
② Youtube是目前世界上最大的视频分享网站,2005年2月在美国加州成立,2006年11月被谷歌以16.5亿美元收购。

练的记者所提供的新闻作品，肯定比普通网民自创的信息作品要生动和精彩。可以预见的是，在自媒体时代，信息生产和流通更为简单便捷了，但是成为合格记者的门槛却提高了。"人人都是记者"为新闻专业知识和操作技能大众化、草根化提供了便利条件，新闻记者产生和生长的社会土壤会更加丰厚与肥沃。

三、谁来捍卫新闻的客观性和公正性

在自媒体时代，每个人都可以拥有自己的信息发布平台。每个人都可以开办自己的博客、微博，或者使用网络电视、网络广播平台随时发布信息。由此，不仅"人人都是记者"，而且人人都是"电视台长""报社老总"和"网站主编"。在这些每天都以爆炸式速度增长的媒介传播平台里，媒介的内容监管成了一大问题。通过自媒体发布的海量信息，谁来监督和审查？怎样审查？谁来监管信息的客观性、公正性和真实性？又有谁愿意自觉地坚守新闻的客观性和公正性？在自媒体时代，信息失真、鱼龙混杂、真假难辨的情况将深刻困扰着人们。一方面，很多信息发布者根本不知道客观性、公正性、中立性为何物，难以创作和发布有客观意义的信息作品；另一方面，会有一些别有用心的人出于某种目的蓄意散布虚假消息和"信息迷雾"，对社会和他人造成利益侵害。由于信息泛滥，发布平台太多，也对广大受众对于信息的理智分析和正确判断造成干扰。由此，新闻专业主义一贯倡导的客观性和中立性将在实践中受到严重挑战。如果没有有力的监管措施，新闻界的职业道德底线和行业标准都将被人随意践踏，或被一些人弃如敝屣。

四、如何防止新闻自由的滥用

倡导言论自由，主张新闻自由，这是新闻专业主义的一块理论基石。但是，在以数字技术为基础的自媒体时代，"人人都是记者"，人人都可以发布信息，也就意味着，人人都可以发布不负责任的新闻信息。这一方面给新闻检查带来了极大压力，另一方面也置新闻自由于危险的被滥用的境地。在国内外，一些人利用网络工具，开展"人肉搜索"，推出"网络打手""网络红人"，这已经给网络言论监控提出了严峻课题。笔者认为，实行"实名制"和"追惩制"，即每个人必须为其在虚拟世界的言论负责，恐怕不失为防止言论自由被滥用的好办法。实名制使每条通过网络和手机媒体发布的信息都能找到真实的责任人，而追惩制则使不良信息和有害新闻的发布者得到应有的惩罚。假如再辅以信息发布诚信档案管理制度，对那些经常故意散布虚假新闻和有害信息的组织与个人，给予严厉处罚，相信能够收到不错的效果。

五、新闻应该是本地的还是国际的

在网络时代，地球已经变成了一个"村"，这是不争的事实。在地球这边刚刚发生的新闻，转瞬之间就被地球那边的人们所知晓了。借助于互联网和卫星电视技术，国内外的一些地方媒体、区域媒体开始关注更大范围的新闻动态。媒体和记者视野的国际化、全球化似乎成为一种趋势。但是，受到网络、手机等新兴媒体的冲击，国内外的一些传统媒体又不得不走地方路线、区域路线甚至社区路线,注重报道身边的新闻消息。在美国,"本地,本地,再本地,是不少报纸应对网络'全球化'优势的重要策略"[1]。由此,处于自媒体时代和数字技术时代的大众媒体,应该走什么样的路线?新闻报道应该更加关注本地还是国际事务?笔者认为,自媒体时代的大众媒体,应具有国际视野,同时应突出地方化特色。也就是说,内容是本乡本土的,但是受众是五湖四海的,如果视野狭隘,眼界如井底之蛙,如同没有地方特色一样,必将湮没在信息的汪洋大海之中。

六、如何增强新闻作品的"历史感"

新闻是"易碎品",在自媒体时代更是这样。许多新闻信息生命力很短,转瞬烟消云散。今天的世界,每天都会产生海量信息和大量的新闻。这些新闻有国际的、地区的、国内的、本埠的,还有只有一小部分人关心的社区新闻和弄堂新闻。新闻的重要性和被关注程度,主要依赖其价值和传播范围。但是不论新闻价值的大小和传播范围如何,有一条是不变的,那就是新闻应该有史料价值。"新闻是正在发生的历史"已经在学界形成共识。著名报人徐铸成先生也说过:"历史是昨天的新闻,新闻是明天的历史"。所以,新闻信息的传播,本来是一件非常庄重和严肃的事情。新闻工作者应该本着修史制传的态度对待新闻作品。新闻报道既要对现实负责,也要对历史负责,要经得起时间

---

[1] 张志安:《融合时代的变与不变——美国传媒业考察随感》,《南方传媒研究第25辑 iPad与纸媒2010》,南方日报出版社2010年版,第7页。

的检验。新闻工作者要心存对历史的敬畏之心,在新闻实践中把握好现实与历史的关联与对照问题,增强新闻报道的"历史感"。这样,随着时间的推移,一则新闻报道的新鲜感和新闻价值减少了,但是其"历史感"和史料价值却增强了。而在自媒体环境中,新闻信息已经是鱼龙混杂,真假难辨,由于"人人都是记者",任何人都可以通过自媒体平台随意发布新闻信息,这就使得如何保持新闻作品的"历史感"成了问题。很多人在通过微博、手机、SNS等媒介发布信息时,根本没有想到还要对历史负责。对于职业新闻工作者来说,能否对得起历史,经得住时间检验,这也是他们与网民区别的一个重要方面。

七、新闻专业教育应该改变什么

在国内,传统的新闻专业教育,主要教授新闻传播学理论、新闻业务、新闻史等课程。新闻传播学理论主要分为新闻学理论、传播学理论两大类;新闻业务主要是报纸和广播电视的采写编评;新闻史主要包括中国新闻史和世界新闻史两大块。有些高校的新闻院系还根据各自力量和特点,开设了经济新闻、法制新闻、体育新闻、国际新闻等课程。在新兴媒体发展的带动下,虽然近年来国内一些新闻院系已经开设了网络新闻或新媒体应用课程,但是这方面的专业教育与新媒体发展的现实相比,还是相差太远。美国哥伦比亚大学新闻学院为学生们开设了"网络新闻""计算机辅助报道""新媒介基础技巧""新媒介先进技术"等课程,并建设了"新媒介工作室",可以为我们的新闻专业教育提供一些借鉴。

第五章　自媒体时代与新闻专业主义

在自媒体和融媒体时代，新闻专业教育无疑需要顺时而变。新闻专业主义对于新闻专业教育提出了全新的要求。新闻学专业的核心课程到底是什么？怎样才算最专业？什么样的课程必须淘汰？什么样的新课程必须开设？新闻院系面对自媒体和融媒体时代必须思考这些问题。笔者认为，自媒体时代的新闻专业教育，应该着重培养学生能够熟练运用计算机和网络技术，熟练掌握信息上传和发布技术，以及数据库的开发和使用技术，并着重培养学生的信息筛选、检索、分析和归纳的能力。在自媒体时代，受众所接触的信息不是太少了而是太多了，新闻专业教育着重培养的不仅仅是寻找信息的能力，更是对于信息的加工和处理的能力。新闻专业的学生们需要强化的训练是，在海量信息中发现有价值的新闻线索，利用媒体数据链或数据库完善新闻报道，引领受众深入思考社会问题，帮助受众认识新闻事实的真相，推动社会更加和谐与进步。

新闻专业主义是现代新闻业发展到一定程度必然出现的理论产物。100多年来，新闻专业主义一直在不断充实和完善之中。便士报"黄色新闻""扒粪运动"以及新闻职业教育都为传统新闻专业主义的成长和发展做出了贡献。在已经到来的自媒体时代和即将到来的融媒体时代，新闻专业主义仍然大有作为，空间广阔。新闻专业主义崇尚的客观中立、自由平等、敢于负责、追求正义和准确完美的新闻职业精神，值得坚持和发扬。新媒体和数字技术的发展也迫使新闻专业主义思考和回答一些非常现实的问题。自媒体时代催生"人人都是记者"，人人都可以拥有自己的媒体，如果不采取措施，新闻专业主义所坚守的职业道德底线与行业标准有可能被打破和遭受践踏。在自媒体时代,新闻工作的重点应转向深入挖掘事实、加工海量信息、综合分析材料、引导受众思考上来。"人人都是记者"不会导致记者职业的消亡,反而会使新闻专业知识和操作技能得到大众化普及,更多的人在掌握信息发布技巧的同时会自觉担当社会责任,自觉地成为社会的监督员和守望者。另一方面,要注意在自媒体时代新闻专业主义尤其是新闻自由有可能处于被滥用的危险境地。学院式的新闻专业教育必须改进训练内容和方法。新闻专业主义只有与新闻事业的实际相结合,与媒介发展的最新趋势相融合,才能不断焕发出旺盛的生命力。

第六章

低碳新闻对新闻专业主义的发展

第一节　低碳新闻对新闻专业主义
　　　　　理论上的发展

"低碳新闻"概念的提出,是源于低碳经济的延伸和新闻事业发展的现实需要。本书在此前对低碳新闻的内涵展开了分析,认为低碳新闻是新闻工作者在新闻的策划、采访、编辑、加工、合成与传播等实践中,所尽量采取的低能耗、低污染、低排放的新闻报道方式。也就是说,低碳新闻关注的不仅仅是新闻报道的内容,更关注的是在新闻报道和传播过程中,对减少环境污染、能源消耗和最大限度地节能减排所做出的贡献。所以,低碳新闻是一种新的传播理念、传播方式,是新闻工作者的低碳意识在新闻传播领域的自觉贯彻。

低碳新闻在本质上同新闻专业主义是一致的,目标都是为公众服务,都是新闻从业者对新闻传播事业发展的自觉追求,也都是对新闻传播理论的贡献和发展。从新闻从业者的使命和社会责任来看,新闻专业主义的突出特点是"公共服务",目标是服务于社会大众。先前,不论是中国的《大公报》还是美国的《纽约时报》都强调"报业天职是维护国民公共利益"[①],要求从业者必

---

① 1926年,张季鸾在新记《大公报》的发刊词中写道:"报业天职,应绝对拥护国民公共之利益,随时为国民贡献正确实用之知识,以裨益国家,业言论者,宜不媚强梁,亦不阿群众"。很多学者认为,《大公报》(转下页)

须具备为公众利益服务的公心。因此，从新闻从业者的行为准则来看，新闻记者都必须对公众利益承担责任，努力为公众服务，这依旧适用于当今的媒介从业者。不过，在新闻工作者倡导为公众服务的时候，时代也对他们提出了更高的要求。媒介如何为公众提供更高效的服务呢？低碳新闻理念便因此应运而生。

在我国，大众媒介具有"二重性"，既有政治属性又有经济属性，既有事业属性又有产业属性，既有喉舌属性又有商品属性。媒介的"二重性"要求新闻宣传工作既要讲社会效益和宣传效益，也要讲经济效益和市场效益。由此，长期以来，我国的新闻宣传管理体制一直实行的是"事业化性质、企业化管理"。即报纸、广播、电视等大众传播媒介属于公共事业，政府为出资人和管理主体，但是管理方式实行企业化管理。应该说，这种管理体制符合现阶段的中国国情，也是媒介的"二重性"的本质要求使然。其本质上要求新闻工作应该在满足社会效益、实现宣传目标的同时，尽量减少碳排放，降低能耗，生产"低碳新闻"和"低碳内容"，打造"低碳媒介"，从而最大限度地提高媒介的投入产出比率，实现经济效益和社会效益双促进、两不误。

（接上页）办报理念中，包含了许多新闻专业主义理论因素，它以"社会公器"为定位的独立报纸加以实践，开辟了我国新闻界对自由职业报刊探求的道路。李金铨在《香港媒介专业主义与政治过渡》一书中提出："20年代，中国报业已经发展出一套相当成熟的新闻理念，与西方报业追求新闻客观、言论独立的意识相通，其中以天津《大公报》'不党、不私、不卖、不盲'等四大原则为翘楚，实则效法《纽约时报》'无私无惧（without favor, without fear）'的纲领，这正是今天所谓媒介专业主义（media professionalism）的基本精神。"

第六章 低碳新闻对新闻专业主义的发展

近年来,不管是传统媒体还是新媒体,内容建设似乎已经跟不上技术进步的脚步,更跟不上受众的需求。当受众打开手机刷微博、看微信的时候,会发现不同的媒介机构发布的内容基本上大同小异,信息内容同质化严重,无关紧要的信息更是铺天盖地袭来,从而对整个信息环境造成污染,不仅浪费读者的眼球和注意力,更重要的是浪费了媒介资源。

在媒体融合的大潮之下,传媒产业正在发生着深刻改变。低碳新闻理念的提出,对新闻实践以及新闻专业主义,有可能带来哪些发展和突破呢?

一、低碳新闻更适合在新媒体时代生长

客观性是媒介专业化的一个标志。李普曼说过,在客观新闻被成功地建立起来之前,新闻不可能成为一个专业。[1]正是由于形成这样的理念和专业基础,新闻传播界才确立了自己的生产和操作规范。其中透射出的是一种自觉的职业道德精神。新闻客观性虽然体现在对于新闻报道讲求规范和流程上,但其本质上是一种职业在社会上的确立。

或许一些人会提出这样的观点:在新闻传播实践中,新闻报道其实难以真正地做到客观公正。《华尔街日报》前主编罗伯特·巴特里曾叹道:"崇尚客观性的新闻业正在死去"。这也向人们展示了客观报道的现实困境。新闻报道之所以不客观,是

---

[1] Lippmann, W., Two Revolutions in the American Press. 1931, p.439, 转引自 Streckfuss, R, Objectivity in Journalism: A Search and a Reassessment, American Journalism Review. 67(4), 1990, p.982。

因为客观报道实难为之。这主要体现在以下几个方面：新闻界作为信息传播环节中的一部分，它并不是独立存在于社会环境之中，而是会受到社会多方力量的控制。比如政府、广告商、社会舆论等等，都会对其施加影响。我国新闻事业实行的是双轨制——"事业性质，企业管理"，因此新闻机构的维系和运转，更重要的是依赖于广告商和其他项目的赞助。经济压力等因素使得新闻报道的客观性在一定程度上受到压制，而且新闻工作者本身的思想意识可能也会导致新闻报道出现偏差。比如，当记者确定好一个选题的时候，可能脑子里就提前预设了对这件事情的态度，那么在接下来的采访过程中，可能就会顺着自己的思路去寻找佐证的观点证实自己的想法，甚至可能将"黑"说成"白"，与客观中立的报道原则背道而驰。

新闻专业主义理论将新闻客观性看作是专业化的标志。但是，真正的全面、客观报道，往往需要深度报道才能够做到。也就是说，需要更多的人力和物力投入才能够实现全面客观的报道，从而实现新闻专业主义的理想。从这一点来说，低碳新闻与新闻专业主义在一定意义上是冲突的。此外，新闻机构有时在努力发掘"新闻背后的新闻"的时候，投入了很多人力和物力，而收到的报道效果未必能够如愿。也就是说，不能肯定地说深度报道一定可以提高收视率或者发行量；也不能肯定地说，较高的人力物力投入就一定会获得较好的传播效果。尤其是在新媒体时代，新闻和信息传播的方式及路径，与以往相比发生了几乎革命性的变化。利用新媒体，我们几乎可以用很少的投入和很少的消耗，就获得很大的传播影响力。低碳新闻，似乎更适合在新媒体时代生存和生长。

在新媒体时代，社交媒体的涌现使得新闻实现了实时传播。新闻事件不再只是媒体人可以公开发布的消息，任何公民都能够通过新媒体传播新闻信息。在新闻报道的时效性方面，传统媒体的竞争力正日趋下降。深度报道成了很多传统媒体的主打方向。也就是说，传统媒体在与新媒体竞争和角力的时候，往往喜欢选择深度报道作为突破口，选择需要投入较多资源和消耗的高碳方式。这可以说是在传统媒介中存在的一种普遍现象。

低碳新闻理念实质上是在新闻传播活动中，以尽可能少的碳排放量和物质能量消耗，最大限度地提高新闻传播效率，增进社会效益。这一方面是指新闻创作过程尽量地低碳，另一方面是指新闻报道的内容"低碳"。以往，许多新闻媒体和新闻工作者在新闻报道中，总以为报道得越多越好、越详尽越好、越细致越好。而低碳新闻则提倡，要适度报道、简约报道、节能报道。低碳新闻提倡，新闻报道要"适当"和"适度"，不要太"饱和"、太"充足"。在新闻报道中，既要减少物质、资金、能源的耗费，也要减少对于新闻工作者体力、精力、时间的消耗，主张精简报道内容，避免重复报道、冗余报道。以往，我们的很多新闻在新闻策划和报道过程中，更多从狭义的角度考虑报道的新闻价值和社会效益，很少考虑其投入成本和经济效益。在很多情况下，是根本不计成本的，更不会考虑碳排放问题。诚然，新闻报道确实需要把政治影响、社会效益放在第一位，但是在保障社会效益的同时，也应该兼顾报道的投入成本和消耗问题，而不能以社会效益优先为由，置节能节约于不顾。在新闻宣传工作中，我们要在时时处处尽量做到节约、节能、节省。

二、低碳理念为新闻的社会责任论注入新的血液

在传统的新闻专业主义理论框架中,社会责任论是其重要组成部分。新闻从业者一直扮演着承担一定社会责任的重要角色。就社会责任而言,美国新闻自由委员会[①]的报告梳理了现代社会对于传媒业的5项具体要求:

(1)新闻媒介有责任向公众反映事实真相。传媒应该"将日常事件置放于脉络之中,提供真实的、广泛的、明晰的记录,使事件的意义在这样的脉络中得以彰显"。这也意味着媒体必须确认事实就是事实,观点就是观点。新闻界应该不满足于仅仅只是客观地报道"事实",而且还必须报道事实的真相。

(2)新闻媒介应该向公众提供不同的信息和观点。新闻媒介应当成为"交流评论和批评的论坛"。这就要求媒体应该视自己为公共讨论的共同载体,应该力求呈现所有的观点,而不仅仅提供主管机构和媒体经营者认可的那些观点。它应该兼顾和确认所有的信息来源。

---

① 20世纪40年代,美国大众传媒的集中和垄断趋势日益加剧。出于对媒体所有者人数越来越少的担心,美国《时代》周刊创办人亨利·卢斯于1942年邀请芝加哥大学校长罗伯特·哈钦斯领导一群大学教授,以局外人和学者的身份探讨大众传播界越来越多的问题。这个后来以新闻自由委员会(又名哈钦斯委员会)闻名的研究班子,其成员包括传播学者拉斯韦尔等十多名一流学者。这个委员会先后九易其稿,于1947年发表了后来被称作传媒的"社会责任理论"奠基的总报告《哈钦斯报告》(又称《一个自由而负责的新闻界》)。

（3）新闻媒介应正确地描绘社会生活图景。新闻媒介应描绘"社会的各个组成群体的典型图画"。通常，人们会倾向于根据头脑中的印象来作判断，而不正确的图画（形象）会扰乱新闻从业者准确的判断。

（4）新闻业应"呈现并阐释社会的目标和价值观"。新闻媒介应该通过报道和评论，倡导为社会公众所接受的主流价值观。新闻媒体应尊重公众公认的价值和传统美德。

（5）新闻媒体应该及时而准确地传播报道有价值的信息。新闻应使人们"充分获得当天的信息"。比起过去任何时候，现在的公民都需要更多的最新信息，因而，新闻和意见必须广为传播。如此，才能服务于公众的知情权。[①]

上述这些要求，可以说是社会责任论对媒体从业者提出的职业准则。不过要使媒体从业者的工作符合职业准则，这条路还任重道远。仅从当前国内现状来看，传统媒体行业的发展日益不容乐观，新兴媒体业态层出不穷，媒体从业者更是鱼龙混杂。尤其是在自媒体这一领域，门槛低、渠道广、把控难，从而使得媒介自觉肩负起社会责任变得更加艰难。

低碳新闻虽然不能够直接帮我们解决这一难题，不过它可以帮助媒体人树立创新意识。在前文中，笔者提到与以往的传统新闻传播方式相比，低碳新闻有其独有的特点和品质。比如低碳新闻具有经济性，也就是说，低碳新闻是在最大限度地节约

[①] Siebert, Peterson & Schramm, Four Theories of the Press, Illinois: University of Chicago Press, 1956, pp.87–92.

能源和新闻资源的条件下,生产出来的"经济型"新闻,是能耗比较小的新闻,也是"最经济"和"最划算"的新闻。与传统的不计成本、不计投入的新闻生产相比,低碳新闻在每一个生产环节上都讲求投入与产出效率,讲求降低消耗,力求用最少的人、最短的时间、最小的花费和投入,生产出最有效果的新闻。如果所有的新闻工作者都积极倡导和践行低碳新闻,带来的将是新闻界革命性的变化。

从这个角度来说,低碳新闻的理念符合时代要求,既符合了新闻专业主义的原则,又在新闻传播实践中改善了对于时间和资源的合理利用。

第二节 低碳新闻对新闻专业主义实践上的突破

我们知道,传统媒体有强大的信息产品专业制作能力。但是,现如今,随着基于互联网技术衍生出的社交媒体越来越多地占据更多的资源和市场,很多传统媒体也都跃跃欲试,开始打造属于自己品牌的新媒体。传统媒体可以借助新媒体的形态寻求发展和突破,但不能丢弃传统的新闻理想和新闻专业主义。放弃了这些,就相当于忘记了回家的路,忘记了出发点。

一、低碳新闻是挽救和推动新闻专业主义的一剂良药

回顾世界新闻史,我们发现新闻业的发展历程总体上还是

顺应时代潮流的。但是,新闻专业主义也在世界新闻事业发展的历程中遇到了现实挑战。以20世纪30年代开始施行美国罗斯福新政的时期为例,那个时期的美国实行了一系列刺激经济发展的3R政策[救济(Relief)、复兴(Recovery)、改革(Reform)],并取得了显著成功,美国经济逐步恢复,美国也借此逐步进入国家垄断资本主义时期。第二次世界大战的爆发以及冷战格局的形成,使世界日益缩小成为一个强权政治的巨大竞技场。这一切都对新闻界提出了一系列新的新闻报道处理方法。世界新闻,在一定意义上成为"大国新闻"。那些弱小国家和地区发生的新闻,已经不被世人所重视。世界新闻业逐渐被美联社、路透社、法新社等几个大的新闻通讯社和媒介集团所垄断。在新闻实践上,百报一面、百台同声的现象,也日益变得普遍和常见。在强权和资本的操纵下,新闻的客观性、中立性也日益难以坚守,新闻专业主义也面临着被分化和异化的危险。

低碳新闻的出现,可以看作为挽救和推动新闻专业主义的"一剂良药"。尤其是在新闻实践方面,低碳新闻理念将为新闻专业主义的坚守提供直接的支持和指导。

众所周知,21世纪以来,人类已经进入倡导"低碳经济""低碳城市""低碳社会"和"低碳生活"的时代。"低碳"的概念,近年充斥于国内外众多媒体、论著、会议和研究报告之中。研究低碳现象,导入低碳理论,一时间也成为许多专家学者关注的热点。实际上,低碳概念的提出,跟全球气候变暖、人类社会对于二氧化碳的排放增加有很大关系。

在新闻专业主义形成的过程中,美国报业的发展起到重要的推动作用。报纸一直是美国政党长期的重要宣传工具。"便士报"和19世纪60年代独立报刊的产生,引发了传统新闻观念的新转变。1833年9月,本杰明·戴创办了《纽约太阳报》,声称将"刊载每天所有的新闻,并以每个人都可以承受的价格,使报纸置于公众之前"作为办报宗旨。两年以后贝内特在创办《纽约先驱报》时也声称:"我们将不支持任何政党,不作任何集团的机关报,我们将致力于发表事实,发表公正无私的评论"[1]。

20世纪初,随着新闻专业主义理念传入中国,我国报人们开始学习这种理念,并把这种理念践行在新闻实践过程之中。徐宝璜在受到西方新闻专业主义思想的影响下,强调记者的职责是报道新闻。他给新闻下的定义是"新闻者,乃多数阅者所注意之最近事实也"[2]。当时受到政治、文化等多重因素的影响,新闻专业主义在中国走得并不顺畅,但报人们为之追求的新闻理想不衰并不懈努力。

新闻专业主义逐步为我国许多新闻工作者所认同和接受,是在改革开放之后。20世纪80年代以来,我国新闻媒体机构重新审视和调整了自己的定位。媒介管理层也充分认识到,新闻媒体在宣传好党的路线方针政策的基础上,也要兼顾媒介的服务性和公益性,兼顾人民群众对于生活、休闲娱乐等内容的需求。

---

[1] 李彬:《全球新闻传播史公元1500—2000年》,清华大学出版社2005年版,第186页。
[2] 徐宝璜:《新闻学》,中国人民大学出版社1994年版,第10页。

二、调查类节目在实践上为低碳新闻带来启示

改革开放之后,我国一些新闻媒介在传播实践中,已经在自觉和不自觉地践行着新闻专业主义的理念,更加重视承担起自身的社会责任。中央电视台《焦点访谈》《新闻调查》等深度报道节目的先后出现,就是媒介自觉承担社会责任的典范。

《新闻调查》作为中央电视台唯一一档深度调查性栏目,每期时长45分钟,每周一期,自1996年创办以来,在观众中收获了很高的口碑,社会影响很大。它以记者的调查行为为表现手段,以探寻事实真相为基本内容,以做真正的调查性报道为追求目标,崇尚理性、平衡和深入的精神气质。[①]从《宏志班》到《天价住院费》,从《大官村里选村官》到《山阴的枪声》等,多年来,《新闻调查》收获了很多荣誉,也收获了观众的高度赞许。其成功之处就在于能够凭借高度的社会责任感和职业化理念,制定并坚守了一套适合自身发展的操作方法和行为规范。尤其难得的是,《新闻调查》长期坚持了对新闻专业主义理念的贯彻和实践。客观、真实的报道原则,独立、公正的报道立场,以及对社会责任和职业道德的追求等,在《新闻调查》节目中普遍有鲜明体现。《新闻调查》认为,一个选题能否算得上调查性报道,必须具备三个条件:第一,调查的内容是损害公众利益的行为;第二,这种行为被掩盖;第三,调查是记者独立展开的。只要符合这三个要素,就是调查

---

① 央视网:《〈新闻调查〉栏目解析》。

性报道。①《新闻调查》所坚守的新闻专业主义报道原则和探索总结的实践经验,值得广大新闻工作者借鉴和学习。央视《新闻调查》以对新闻专业主义的坚持和高度的社会责任感,赢得了广大受众,也赢得了同行的尊敬。

《新闻调查》经过一步步的独立调查发现问题,通过深入挖掘事实获取真相,并多方面收集观点和证据,通过验证,最终得出事实的真相和判定,即在探索中求证,在求证中得出结论。②央视《新闻调查》的成就告诉我们,为了发现新闻背后的新闻,查找新闻事件背后的真相,必须敢于克服重重阻碍,打破砂锅问到底;为了求证真相,必须敢于冒险,具有揭露黑恶势力的勇气。《新闻调查》告诉我们,如果没有责任感和职业追求,很难成为一名真正的"调查人"。新闻栏目要获得公信力,必须以理性代替感性,以客观代替主观,坚持平衡取材和客观叙事,这也成为实现媒体公信力的重要条件。

《新闻调查》对于新闻专业主义的坚持,也给低碳新闻的实践带来了启示。通常情况下,一则低碳新闻报道应该如图6-1所示:

三、公民新闻为低碳新闻在实践上提供了支撑

关于新媒体对传统新闻媒体的挑战,早就不是什么新鲜的话题。然而直到今天,它仍然令那么多人着迷,好像总有辩论的

---

① 央视网:《〈新闻调查〉栏目解析》。
② 侯东:《论〈新闻调查〉的新闻专业主义理念和实践》,吉林大学硕士论文库2011年版。

第六章 低碳新闻对新闻专业主义的发展

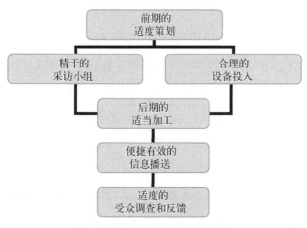

图6-1 低碳新闻创作过程流程图

双方：一方认为新媒体对传统媒体构不成致命的挑战，而另一方则反复强调新媒体可能在不久的将来便成为传统新闻业的掘墓人。理智分析这个问题后可以发现，自媒体并不能完全取代传统媒体。其一，从技术层面来看，当前很多传统媒体机构都在纷纷设立新媒体研发中心、全媒体中心、融媒体中心等，将采访得到的新闻信息发布在各个平台上，"一个萝卜做出十份菜"。且不说不同的平台生产同样的信息再汇聚到pc端的时候会带来严重的新闻同质化，仅媒体机构本身还需要花大量的时间、投入巨大的人力物力资源，这样做的意义何在呢？受众需要的是有效的信息，并不真正在乎承载信息的技术。如果传统媒体仍然能够不断提供有价值的信息，那么传统媒体的发展空间就依然存在。传统媒体需要做的是如何发现和传播有价值的信息，而不仅仅只是不停地复制粘贴。有人可能会说，这么做是为了能够从不同的端口获取更多的信息，赢得更多的受众。不过，从目前的情况来看，但凡传统媒体试图依赖新媒体进行转型和改造的，几乎没有持久成功的范例。这方面的改革尝试还需要进一步观察。其二，从传统媒体的行为主体及其行动方式来看，传统新闻从业人员大多是新闻专业主义的坚定信仰者和实践者。正是因为这种专业主义信念的存在，才使得新闻行业建立起了自己的职业门槛，以区别于其他行业，也区别于许多新媒体。新媒体涌现后，很多人会说新闻专业是没有门槛的。任何公民只要拥有手机、电脑等信息采集设备，就可以随时随地发布新闻信息，专业的新闻记者的重要性似乎就降低了。但是，新媒体和传统媒体最大的区别，不在于是否通过新技术进行传播，而在于是否很好地坚持了新闻专业主义。那种认为在自媒体时代新闻媒体门槛已经大大降低的观念，其实忽视了对新闻专业主义的理解和坚守。

尽管如此，普通受众依旧需要传统主流媒体。新闻宣传主管部门既需要加强对传统媒体的监督，更需要加强对于"公民新闻"（Citizen Journalism）和新媒体市场的治理。所谓"公民新闻"，一般意指"草根新闻"或普通网民发布的新闻。公民新闻的优点是显而易见的：首先是信息量丰富，大量网民将发生在身边的新闻信息通过自媒体的手段进行传播，能够极大地丰富人们的信息量，并能够填补主流媒体未能兼顾的信息盲区；其次，公民新闻在传播效率方面即时高效，社会上每时每刻都能够产生大量的公民新闻；最后是贴近受众，内容鲜活，反映的多是与网民个人利益或兴趣直接相关的信息或话题。这三点是近年来公民新闻繁荣发展的主要因素。

第六章 低碳新闻对新闻专业主义的发展

然而,在当前自媒体条件下,如果放任让公民个人传播"公民新闻",其危害和后果也是不言自明的:首先是普通网民会基于个人利益的视角,势必难以做到客观公正;其次是普通网民没有受过专业训练,能力有限;最后,普通网民通常不能够也没有义务承担公共服务的职责。

近年来,信息技术的快速发展,已经让公民新闻的生产和传播变得非常简单便捷,并成为主流媒体的有益且重要的信息补充。事实上,人们现在获取信息的方式,已经主要来自微信、微博和客户端。传统媒体也开始重视利用自媒体和公民新闻,从中获取有价值的新闻素材和信息线索,进而降低报道成本,提高新闻报道效率。现在许多主流媒体记者开展新闻报道的"套路"已经作如下转变:他们先在网上查找当天有新闻价值的信息线索,进而根据自己的需要进一步发掘或组织采访,推出经过自己加工的新闻稿。但是,原创的信息和"第一发现"的新闻,却来自大量的"公民新闻"和"草根信息"。

新闻学者胡翼青教授认为,"围绕公民新闻与专业新闻,我们依稀可以看到未来新闻业及其舆论场的各种组合:其一是以公民作为信息由头而引发的传统媒体深度报道;其二是传统媒体的信息失实而引发的公民新闻集体监督和声讨;其三是公民新闻的信息失实和流言传播而引发的传统媒体的核实和监督;四是不同新闻来源的相互补充。两种新闻业给公众带来了信息爆炸,但同时也使信息的控制变得极其困难。两者的正常关系应当是专业新闻为主导,公民新闻为补充,互相核实,互相印证。自媒体和公民新闻绝不会是专业新闻的掘墓人,它只是限定和发展了专业新闻业的角色"①。

公民新闻有其自身存在价值。可以预见,未来的媒介市场,主要被两大信息源所操控。一是以传统媒体为主的专业新闻,代表着权威、主流和较高的可信度;二是以自媒体为主的公民新闻,代表着鲜活、生动和第一手资料。或许,这也是"官方舆论场"和"民间舆论场"在未来媒介市场的另一种角逐和竞争方式。

---

① 胡翼青:《自媒体力量的想象:基于新闻专业主义的质疑》,《新闻记者》2013年第3期。

第七章 低碳新闻与平面媒介

第一节　平面媒体含义与范畴

媒体即传播和承载信息的载体，古已有之。可以说，有人即有媒体。诚如麦克卢汉所说——"媒介是人体的延伸"。结绳记事、原始图画等这些承载、传递信息的载体都是媒体。在纸质媒介诞生以前，人类传播的主要方式是结绳记事和口口相传。纸质媒介的出现，弥补了这两种传播方式的缺陷与不足，极大地克服了信息保存和异地传播的困难。书籍、报纸等纸质媒介，也成为平面媒体的主要标志。

至于什么是平面媒体，学者们见仁见智，理解并不一致。笔者认为，平面媒体是以视觉传播为基础，以空间布局为尺度的一种媒体。平面媒体可以指报纸、书籍、杂志，也可以指广告宣传板、桁架、传单等。"静态"和"平面"，限制了平面媒体的基本特质。平面媒体是最为古老和传统的媒体。甚至于在纸张发明之前，人类社会就接触和使用了平面媒体。互联网媒介的出现，迫使平面媒体面临着新的"转型"。因此，平面媒体这一概念的物质形态便有了多元化解读。其经营领域与信息传播方式也得到了极大的拓展。在新媒体时代，平面媒体内涵与外延都得到了丰富。

从实际情况来看，平面媒体有狭义和广义之分。

狭义的平面媒体是指利用文字或图片，把信息从单一的信息源单向传播给读者的大众传播媒体,主要形式有书籍、杂志、报纸等。平面媒体形成第一代传统媒介,通常也被称为"纸媒体""印刷媒体"。广告牌、灯箱、广播、电视等则形成第二代传统媒介。

狭义的平面媒体将一些目前普遍认为是新媒体的形态排除在外。然而,随着科技的发展,产业界和学界都在不断推动对平面媒体内涵与外延的讨论,至今尚无定论。"平面媒介"和"平面媒体"也成了一个动态的概念。

广义的平面媒体不仅包含了以书籍、报纸、杂志为主的传统媒介,还包括以手机、网络为载体的电子手机报、电子杂志和互联网站等新兴的媒体形态。新兴平面媒体与传统平面媒体的主要区别在于媒介技术的表现形式不同。新兴平面媒体中的文字图像信息具有了"虚拟性""互动性"与"双向性"。它们完善了传统平面媒体的信息传播渠道,改变了信息传播的渠道及方式,为传统平面媒体的发展提供了更广阔的空间。

第二节 平面媒体特点和整合趋势

一、平面媒体的特点

(一)单向性与周期性

从传播角度而言,平面媒体的传播具有单向性。书籍、报纸、杂志等传统平面媒体一般利用文字、图像等印刷符号,以散页或者合集的形式发行和传播。报纸、杂志则定期连续地向公众传递信息。平面媒体主要以"点对点、点对面"的方式进行单向传播，信息反馈周期较长，互动性和交互性都比较差，即时反馈还没有成为常态。互联网技术使平面媒体获得了突破单向传播的条件，并使传播渠道逐步完善。

与新媒体相较而言，报纸、杂志等传统平面媒体对信息内容的要求相对较高，需经过策划、采编、排版、印刷、出版、发行等必备流程，受地域、交通等环境影响更为明显。因此，其信息传播的即时性相对较弱，一般以天、周、月、季等周期定时传播，故而接受平面媒体需要有等待周期。

（二）选择性与保有性

平面媒体的选择性是从受众角度来说的。一方面，平面媒体对信息接收对象有客观的选择性，包括年龄层次、职业差异、文化水平、受教育程度、兴趣爱好等特质。从某种程度上说，平面媒体的信息传播是有限的，具有明显倾向性。另一方面，平面媒体的信息传播又没有强制性，因为在接收范围内的传播对象，其阅读的内容、时间、地点、形式以及速度等，都是可以自主选择的。

平面媒体的纸质特性决定了其传播的信息具有可保存性。平面媒体的文字、符号、文本等，是有形且可读的，受众可以自由持有和随时翻阅。"新媒体"亦具有收藏功能，但信息并非为受众占有，而是为受众所使用。然而，平面媒体资源的纸质形式，不会因网络链接的中断而消失。

（三）深入性与公信力

深入性是平面媒体具有的核心优势之一。语言文字表意的精准性和深刻性，使得平面媒体在深度报道方面具有先天优势。与广播电视等媒体相比，平面媒体可以用深入性弥补及时性的不足。深入性意味着深度、思想和智慧。平面媒体的深度报道可以让受众通过文字描述发挥想象力，进而无限接近事实真相，满足受众阅读终极目的，进而提升受众的知识、品位与鉴赏力，这也是许多受众乐意接触平面媒体的重要因素。

平面媒体在公信力方面亦有很大优势。学者黄晓芳在《公信力与媒介的权威性》[①]一文中认为，公信力是指媒介在长期的发展中日积月累而形成，在社会中有广泛的权威性和信誉度，在受众中有深远影响的媒介自身魅力。平面媒体从开始至今形成的权威性、信誉度等是其他媒介所不能比的。

二、平面媒体的整合趋势

近年来，受网络化与数字化的冲击，传统平面媒体的影响力正在逐渐减弱，其资源优势面临衰减，传统平面媒体面临着解构与重构的危机。21世纪前后，平面媒体开始转变纸质传播方式，尝试利用互联网平台追求新生，大致经历了"有报无网""报网并存""报网互动""报网融合"四个阶段，使平面媒体资源整合逐渐走向了一个新方向。

---

① 黄晓芳：《公信力与媒介的权威性》，《电视研究》1999年第11期。

第七章　低碳新闻与平面媒介

早在20世纪90年代,国内外的一些平面媒体就已经出现了"数字版"或"电子版",开始尝试借助互联网扩大信息传播。在1987年美国第一家网络报纸《圣何塞信使报》(*San Jose Mercury News*)[①]诞生之后,到1997年,美国网络报纸就已经发展到了1 900多家。根据1998年《美国新闻评论》杂志网站公布的数据来看,当时全世界网络报纸已经增长至4 295家。其中,1995年中国第一份网络化杂志《神州学人》[②]和第一家网络化报纸《中国贸易报》[③]也陆续在国内掀起报纸网络化的风潮。平面媒体在传播方式、生产流程、内容生产上,纷纷由单一纸媒的生产传播形态,向纸质、手机、网络相互融合的多位一体的"数字化"传播形态发展。它们在向数字化进军的主要尝试包括:

(1) 整合传播平台,扩大传播影响力。平面媒体逐步改变单纯地依靠纸张媒介传播的思维模式,利用数字技术和互联网技术改造其传播形态。在铅字格式的基础上,新增数字格式信息,形成手机报、电子书、网络报纸、网上书籍等新型平面媒体传播平台,获得新的发展空间。

(2) 整合生产资源,探索多位一体的生产模式。随着"网+纸"运营模式的兴起,平面媒体逐步建立了在手机、网络上的生

---

① 1987年,世界上第一家网络报纸——美国的《圣何塞信使报》创办,从而开创了网络媒体的新纪元。
② 《神州学人》,1995年1月12日通过网上传播,成为中国第一家上网的杂志。
③ 《中国贸易报》,1995年10月20日走上互联网,成为中国第一个上网的报纸。

产、传播、营销渠道,开始拥有自己的专业化、数字化、个性化传播平台。但是,在此整合过程中,有些媒体的组织架构、记者队伍、设备设施、营销团队等方面的资源并非泾渭分明,基本上是在原有基础上分类组合,在一定程度上实现了资源共享。

(3)整合信息内容,适应新型媒体传播。一些传统纸质媒体在转型中,对于同一主题的信息,对纸媒信息稍作改编后即通过手机、网络迅速到达受众,新媒体内容变成了纸媒信息的"延伸版""瘦身版"和"补充版"。纸媒与其新媒体传播,在内容上互相补充和印证,这种方式也为平面媒体的融合发展带来了生机。

第三节 平面媒体与低碳新闻

网络媒体兴起之前,平面媒体领域普遍存在着"非低碳"甚至"高碳"的现象,浪费比较严重。一度主要表现为报刊机构越来越臃肿、广告越来越多、报纸越来越厚、刊发数量越来越庞大,人力资源、物质资源浪费严重,能够针砭时弊、有影响力的报道却越来越少。这种情况在21世纪之初达到了峰值。据统计,2012年,全国共出版报纸1 918种,总印数482.26亿份,总印张2 211.00亿印张,折合用纸量508.53万吨[①]。

然而,随着我国可持续发展战略的提出和实施,低碳理念

---

① 广告买卖网:《全国出版报纸总量1918种 同比下降0.52%》。

逐步为人们所接受,并逐步成为一种新的生活和工作方式。许多平面媒体也在设法创新转型,降低成本,提升核心竞争力。报纸的消耗也随之下降。根据中国报业协会印刷工作委员会于2019年度全国报纸印刷量的调查统计,全国各地提供报表的148家报纸印刷单位在2019年的报纸印刷总量是443.19亿对开印张,2018年的报纸印刷总量是502.17亿对开印张,环比下降11.75%。根据这次调查的样本单位报纸总印刷量的情况测算,2019年度全国报纸印刷总印刷量为689亿对开印张,较2018年的781亿对开印张减少92亿对开印张,下降幅度为11.75%。2019年耗用新闻纸155万吨,较2018年的176万吨降低11.93%。[①]中国报业协会印刷工作委员会发布的《关于2020年度全国报纸印刷量调查统计的报告》显示,2020年度全国报纸印刷总印刷量为600亿对开张,较2019年的689亿对开张减少89亿对开张,下降幅度为12.92%。[②]

报纸等平面媒体减少印张已是大势所趋。那么,平面媒体如何才能生产低碳新闻,尽量做到节约和高效呢?建议可从以下几方面考虑:

一、集群化组织生产,提高资源共享力度

所谓集群化生产,即媒体整合资源、统一标准、统筹部署,实现"全媒一盘棋"。集群化对平面媒体发展提出了更高的要求,

[①] 科印网:《2019全国报纸印量调查结果出炉,下滑程度再次加剧!》。
[②] 中华纸业网:《2020年报纸印刷总量下降近13% 已经连续9年下降》。

能够使资源的利用和效益最大化。

集群化生产,强化了平面媒体资源之间的整合,提高了内容、资金、市场、销售等环节的良性互动,有助于降低生产和管理成本,实现集研发、生产、传播、销售、运营等为一体的低能耗循环发展的媒介生态系统。另外,利用资源整合的优势,还有助于建立起组稿、收稿、审稿、编辑、发排等一体化的专业生产模式,不但可以提高低碳化效应,还可以使媒介内容更专业、更精准、更有深度。

二、拓展新兴传播渠道,推广低碳生产方式

目前,世界上许多国家都推出了计算每个公民、企业和单位对大气层排放二氧化碳的累积率的计算方法,其在线产品被称为"碳足迹"(carbon footprint)计算器。它可计算出二氧化碳和其他温室气体的排放总量。人们只要向"碳足迹"计算器输入生活学习方式和相应的时间数值,就可以得出二氧化碳排放总量。由于人们购买和消费低碳型产品将会使自己的"碳足迹"减少碳排放,所以,人们会更愿意购买或使用低碳企业所提供的产品或服务。因此,这些公司将会具有更好的投资价值或成长潜力[①]。

有学者统计,1磅印刷纸张排放二氧化碳4磅,1磅课本排放二氧化碳5磅,1磅报纸排放二氧化碳3磅,而1个电子书(e-Book)平均1年可以替代22.5本纸质书籍,减排二氧化碳168千克(如表7-1)。并指出,如果将全国5%的出版图书、期刊、报纸用电子书刊代替,每年可减少耗纸约26万吨,节能33.1万

---

① 上观新闻:《潘峤:社会责任投资新主题——消除你的"碳足迹"》。

吨标准煤,相应减排二氧化碳85.2万吨。①

表7-1 部分活动排放的二氧化碳

活动类型	活动内容	排放二氧化碳
阅读	1磅印刷纸张	4磅
阅读	1磅课本	5磅
阅读	1磅报纸	3磅
阅读	1个电子书(e-Book)	减排二氧化碳168千克

(注:1磅=0.453 592 4千克)

目前,随着互联网技术的推广应用,平面媒体数字化融合正在逐渐代替纸张出版。作为"第五媒体"的手机不仅改变了人们的沟通和信息传播方式,还在一定程度上推动了平面媒体降耗减排能力的提升。平面媒体要实现低耗能、高效率的传播路线,必须从各个环节进行低碳升级。这方面,国家有关主管部门已经做出了明确部署要求。早在2010年1月1日,国家新闻出版署就下发了《关于进一步推动新闻出版产业发展的指导意见》,并明确提出,发展数字出版等非纸介质的新兴出版产业,到2020年要基本完成传统出版单位的数字化转型,数字产品和服务的运营份额要在新闻出版的总份额中占据优势。

三、采用再生纸和环保纸,直接提高低碳生产能力

英国《经济学人》杂志报道称,若把人年均用纸量与"消

---

① 黎加厚:《低碳型教育与云计算辅助教学》,《中国信息技术教育》2010年第1期。

耗"一棵12米高的树联系起来估算,比利时人用纸最多,人年均"消耗"8.51棵树,芬兰、奥地利和美国分别为7.28、6.83和5.57棵树,中国为1.81棵树[①]。

纸张是平面媒体印刷的主要载体。目前,我国的造纸业依旧以传统的草浆为主,其比例甚至高达80%以上。这种落后的化学制浆排污,不仅浪费资源,还严重污染了环境。特别是传统媒体,之前为提高发行量曾过度重视纸张质量,从而间接引起乱砍滥伐和环境污染。而随着近年来我国明确提出对于平面媒体低耗能的要求,纸张的使用也逐渐趋向环保,"重复使用"和"循环利用"已经成为印刷媒体的共识。国家早在2008年就颁布制浆造纸排放标准推动造纸原料结构转变[②],也希望通过森林认证避免过度采伐[③]。为此,媒体机构一方面要尽快利用科学技术改变造纸原料结构,从根本上建立新型的循环产业链;另一方面,要大力提倡再生纸[④]、循环纸的利用。这方面,德国已经出台法律推动实施。德国《废物法》有明确规定:"凡是能利用的东西绝不能让它成为废物,要让它回到经济循环利用中去"。可见,对平面媒体纸张的节约与循环再利用,无论在经济效益还

---

① 央视网:《国人纸张消耗 人均1.81棵树》。
② 2008年8月1日,我国颁布了《制浆造纸排放标准》,以法律的手段促使造纸原料结构的转变,实现优胜劣汰。
③ 森林认证,即FSC(Forest Stewardship Council)认证,避免木材的过度采伐对环境造成恶劣影响,并促使平面媒体印刷的纸张使用可持续发展。
④ 再生纸是利用废纸作原料生产出来的纸张,废纸纸浆比例为60%—100%,因而被誉为低能耗、轻污染的环保型用纸。

是在环境效益上都有着十分重要的意义。

四、把握关键环节,改变印刷、出版、发行过程中的高碳现象

要做到出版和发行环节的低耗能化,必须从信息采集、加工、存储、发布等环节出发,构建生态型出版机制,有序推进数字出版、数字印刷、生态型纸张和绿色印刷材料的广泛使用,打造更经济和更低碳的出版空间。

平面媒体印刷环节的碳排放量是比较高的。低耗能印刷需要从印刷前、印刷中、印刷后做好减排准备。首先,应树立低碳型的印刷理念,严格按照印版的特点对不同材质与纸张进行全方位的设计,避免浪费。其次要引入新型的印刷技术。以油墨为主的传统印刷形式,不仅污染环境,甚至危害人们健康。而现代柔印技术[①]采用对环境和人无污染、无毒害的绿色环保油墨,是公认的绿色印刷技术。最后,要加大对印刷行业的治理力度,对不符合低碳标准的企业,采取关、停、并、转的方式进行整改,促进平面媒体向低碳化发展。

至于发行环节的碳排放控制,一方面要增强有效出版,杜绝低效、虚假发行;另一方面要建立新型的物流形式,推动跨区域和连锁发行,降低周转和发行成本;另外,可充分利用互联网"无纸化"优势,推广数字化阅读,开辟低成本、零运输、零印刷的新型发行渠道。

[①] 柔印是一种直接印刷方式,使用具有弹性、凸起的图像印版而被称为柔版印刷。柔版印刷具有灵活性、经济性,并对保护环境有利,符合食品包装印刷品卫生标准。

五、政府部门应给予适当扶持

推进平面媒体低碳化,发展新型平面媒体产业,政府有关部门应给予必要的引导、鼓励和支持。近年来,我国平面媒体低碳化的投资保持良性增长态势。国家出台了一些鼓励科技创新、节能减排、可再生能源使用的政策和措施,也推动了平面媒体向低碳化的方向发展。除此之外,政府有关部门还应围绕"绿色低碳"和"低碳媒介",做好"碳预算",大力推广环保纸张、新型油墨等新技术、新产品,应尽快形成合理的"碳价格"制度,健全有关低碳生产的法律保障体系,提高媒介低碳化升级的可持续性。

第四节　报刊市场竞争与低碳报刊

一、报刊市场竞争现状

近年来,传统报刊竞争日益激烈,受众需求日益提高,新媒体异军突起,种种压力席卷而来,逼迫报刊市场寻找新的发展方向。

(1) 传统媒体竞争日益激烈,报刊注意力资源浪费严重。一方面,为争夺有限的注意力资源,报刊市场空间一直受到广播电视等新闻媒体的挤压分割。另一方面,随着媒介行业分工的不断细化,报刊种类也在增加。我国报刊行业相继出现了日报、晨报、晚报、午报、工业报、财经报、科技报、艺术报,周刊、旬刊、月刊、季刊等等,几乎每个行业、每个领域都会有报刊,同行竞争面临极大压力。为争取受众资源,不少报刊将自救措施定位在"发行+广告"的粗放运营上。于是不少报刊出版周期越来越短、版面越来越多,"报纸期刊化"和"厚报"现象普遍存在。当有限的资源用在日益增多的广告版面上,报纸质量必定堪忧。这种饮鸩止渴的自救方式,是对报刊资源和注意力资源的极大浪费。

(2) 受众需求日益提高,应对不当引发市场乱象。随着公民素质逐渐提高,读者阅读能力也在提高,对报刊的要求也越来越多,他们不再唯报刊是从,开始在报刊市场上"挑三拣四""讨价还价"。为获得生存机会,一些报刊不得不"讨好"读者,设法增设栏目,扩大发行量。因此一度出现"报刊越来越厚,定价却越来越便宜"的现象,甚至出现了免费报的现象。还有的报纸为了"吸引"受众关注,以订报送赠品的方式"贱卖"信息,大量社区新闻、娱乐新闻甚至是假新闻充斥版面。这些市场乱象是报刊市场竞争的畸形产物,污染了报刊市场竞争生态。

(3) 新媒体异军突起,迫使报刊在竞争中寻找方向。随着互联网时代的到来,报纸的商品属性不断被激发出来。特别是近年来,日益成熟的数字化技术,使一些报刊看到转型的空间和希望。一方面,一些报刊尝试集团化发展,以"抱团取暖"的方式应对外部冲击;另一方面,报刊自身也在逐步借助互联网平台和数字技术,纷纷开设门户网站,以出版网络报纸或杂志、推出在线阅读等,提供个性化信息服务和虚拟传播。这种新的办报办刊机制,不但让传统报刊在白热化竞争中找到了出路,开辟了一片"蓝海",还减少了纸张消耗、简化了办报流程,让报刊在竞争中不自觉地实现了低碳和高效。

综上所述,现代报刊的市场竞争将越来越多地依赖网络数字平台,这必然是一次纸质报刊"瘦身"、网络报纸"增肥"的重要转折。我们可以期待,未来报刊市场的竞争,既是内容的竞争,也将是低碳报刊的竞争。

二、报刊市场竞争与低碳报刊

自2011年以后,我国报纸总印量连年出现持续下滑,而且下降幅度逐渐增大。如表7-2:

表7-2 2008—2014年全国报纸总印量和同比增幅

年份	全国报纸总印量	同比增幅(%)
2008年	1 594亿印张	−2.45%[①]
2009年	1 486亿印张	−6.78%
2010年	1 613亿印张	8.55%
2011年	1 678亿印张	4.03%
2012年	1 630亿印张	−2.86%
2013年	1 505亿印张	−7.67%
2014年	1 360亿印张	−9.63%

(数据来源于中国报业协会印刷工作委员会的调查结果,经作者统计归纳)

纸质报刊数字化转型,是网络时代报刊市场竞争的必然结

---

① 《中国报业》数据分析结果显示为16年来我国报纸总印量首次下降。

果,也是对低碳报刊的一种积极实践。按照前文所述,本书所提倡的"低碳",除了提倡减少生产环节的二氧化碳排放之外,还包括媒体内容的真实报道、精准采访和深度挖掘。低碳新闻不仅指对于环境问题的报道,还涉及其他任何媒体内容的传播。按照这一逻辑思路,我们所提倡的低碳报刊,不仅要关注环境保护问题,报刊本身的生产实践也要注重节能减耗。不仅如此,报刊也应充分发挥传统平面媒体的优势,生产有品质、有内涵、有思想、有深度的信息产品,树立公正、客观的媒体形象。

总体上说,推行低碳报刊,符合在未来社会中媒介发展大趋势。低碳、节约和减排是社会发展的重要方向,也是社会文明的一种体现。报刊塑造良好的社会形象,也应符合这一大环境、大潮流、大趋势。推行低碳报刊,有助于平面媒体获得长足发展优势。如果说,网络化与数字化是报刊在市场竞争中的利器,那么低碳新闻理念堪比报刊的灵魂。纸质报刊借助互联网实现数字化转型,让传统平面媒体找到生存的突破口;而坚持低碳理念办报,将为传统平面媒体找到新的发展方向,提供持久的动力。

第八章 低碳新闻与广播电视媒介

第一节　广播电视媒介的含义

广播电视媒介属于人们日常生活中经常接触的一种重要媒介。从整体来看,广播电视媒介资源是指广播电视媒介在信息采集、传播和营销过程中所依赖的各种社会资源,主要包括广播电视领域的受众资源、信息资源、生产资源、技术资源、市场资源和人力资源等。广播电视媒介资源可以细分为以下几种情况:

一、频率和频道资源

频率和频道是广播电视媒介的基本资源,也是稀缺资源。这种资源的获得须经过国家有关管理部门的批准。广播电视媒介机构使用频率、频道资源,应依法依规获得。随着受众市场的日益细分,广播频率和电视频道的划分也愈加趋于细化。目前,仅中央电视台(CCTV)就有20多个频道。许多地方电视台也开办了不同的电视频道。不同的频道有着不同的定位和目标受众。广播电视媒介应锁定目标受众,努力塑造频率频道的品牌形象。

二、时间资源

广播电视以时间为尺度,属于时间型媒介。开发时间资源可以为广播电视媒介机构创造更大的价值。对于广播电视媒介来说,"时间就是金钱"。广播电视媒介应依据受众的收视习惯和需求,创造性地开发时间资源。尤其是要科学开发黄金时段和次黄金时段资源。比如,平常周五晚间段的"小周末"时间,白领上班人士的午夜时段、退休人士的清晨时段,都是可利用的"次黄金时段"。因此,对于广播电视媒介来说,不但要细分频率、频道资源,还要研究对于时间资源的科学细分。

三、节目内容资源

节目即内容,是广播电视产业进入市场竞争的根本要素,也是广播电视所有投入和产出的具体表现形态。近年来,广播电视节目的市场化、社会化程度越来越高,一个相对独立的广播电视节目(或传播内容)生产产业正在发展和壮大。但无论是自制节目还是购买节目,很多地方广播电视媒介制作的节目仅仅停留在本台播出,有的节目播出一两次就束之高阁,造成浪费。因此,发展广播电视文化产业,需要在节目的开发利用上采取多种形式,提高经济效益和社会效益。[①]

四、受众资源

按照传媒经济学的观点,受众是媒介传播的终端,也是对媒介传播效能具有决定作用的最活跃的资源。传媒的一切活动,最终均要指向受众。面向受众和为受众服务,应当是传媒的终

[①] 王祎真、林日东:《用好广播电视媒介资源发展文化产业》,《声屏世界》2007年第2期。

极目的。在传媒行业,在"以人为本"科学发展观的引导下,注重受众资源的保护和开发,应成为广播电视媒介义不容辞的责任与使命。

五、广告资源

广告资源是媒体经济效益来源之一,也是支撑媒体持续发展的重要经济支柱。对于广播电视媒介来说,赢得广告资源,掌握广告市场的主动权,几乎成为所有广播电视经营者的心中信条。而广播电视市场的广告竞争,又是最为激烈的。20世纪末,各路商家对央视黄金广告时段的争夺,一度成为我国电视领域的一道"风景线"。事实告诉我们,市场教育我们,广播电视媒介在坚守社会责任阵地的同时,应充分掌握广告市场营销与推广的科学方法,不要盲目跟风,更不要攀比,要以优化节目资源和提高服务质量等方式,来吸引广告客户,从而增加市场的抗压能力。

六、技术资源

广播电视行业向来是重装备、高投入、重技术的行业。谁占领了技术高地,谁就能够"技高一筹",获得市场与话语的主动权。技术资源是广播电视媒介赖以生存发展的重要的资源类型。媒介技术的演化甚至能影响媒介政策的调整。[①]先进的技

---

① 潘祥辉:《论媒介技术演化和媒介制度变迁的内在关联》,北京理工大学学报2010年第1期。

术还可以降低媒介内容生产和制作的成本,大大提高劳动生产率。在广播电视机构,技术部门永远是需要给予重视和尊重的部门。

七、人力资源

人力资源是广播电视媒介组织实现目标任务的关键资源,也是广播电视媒介发展的根本前提。广播电视行业,最终拼的还是人才。多年来,一些广播电视机构在用人方式上早已实现多样化,事业编制人员、台聘或社聘、栏目聘、临时工等多种用工形式并存。以中央电视台为例,采取"不求所有,但求所用,来去自由,合同聘任"的做法,聘请一批"高人",借用一批能人。[①]

除了上述主要资源外,广播电视的资源还有很多。广播电视管理,就是要有效地支配和利用这些资源,实现各种资源配置的最优化,从而实现媒介组织的终极目标。

当然,由于历史和现实的各种原因,媒介资源的分配和配置一直处于不均衡状态。与社会发展水平不均衡一样,国内的媒介资源也呈现出分配不均的趋势,这种趋势并没有随着社会经济水平的发展而缩小,相反,范围还在不断扩大,程度还在不断加深,不仅会影响新闻事业的整体发展,而且终将影响到社会整体目标的实现。[②] 如何尽可能平衡广播电视资源,扩大媒介资源共享力度,将是许多广播电视机构需要考虑的战略问题。

[①] 赵化勇:《实施人才强台战略》,《电视研究》2004年第4期。
[②] 龚黄乐:《我国媒介资源分配不均及对策研究》,新疆大学2009年硕士论文。

第二节 广播电视媒介的特点及整合趋势

一、广播电视媒介的特点

21世纪是视听盛筵的时代,也是广播电视媒介快速发展的时代。就目前的情形来看,广播电视媒介主要体现出以下几个特点:

(一)内容不便保存

广播电视媒介是视听媒介。相比报纸、书籍等纸媒来说,广播电视媒介产品具有明显的"即时性",即转瞬即逝,且需要特定介质(磁带、光盘等)进行保存。一般来说,广播电视媒介产品是按照时间顺序进行线性编辑,通常是顺时播放的。

(二)传播速度快

广播电视媒介借助先进的科技手段,在信息传播上表现出极强的辐射力和渗透性。尤其是数字电视的逐渐推广,使得所有的电视信息都能够通过数字信号进行传输,渗透力非常强。另外,广播以声音作为媒介,也能快速穿越空间限制,使信息的传播更为便捷。受众能够在很短的时间内接收到信息。在技术上,广播电视能够做到同步传播,现场直播。受众犹如亲临现场,能够在新闻发生的同时接受新闻信息,这是其显著的一大优势。

（三）受众覆盖范围广

受众只要能听懂、能看懂，即可享受广播电视媒介资源带来的便利。甚至是一个目不识丁的人，基本上也能够听懂广播、看懂电视。因此，广播电视受众基本不受知识水平的限制，不需要再进行"解码"。因此，广播电视媒介几乎可以覆盖任何年龄段的受众，也几乎可以覆盖任何阶层的社会人士。相比报纸书籍，甚至与网络媒体相比，广播电视媒介的收视收听成本都是最为廉价的。

（四）传播具有单向性

广播电视媒介资源的传播是属于灌输式的单向传播。在网络电视、网络电台出现之前，传统广播电视媒介的反馈机制尚不健全，基本上属于"你播我看"型，受众处于被动接收信息的地位，节目的传播效果如何通常不能得到及时反馈。广播电视台往往是在节目播出之后，经过一定周期才能收到受众反馈，从而大大增加了内容播出成本。

二、广播电视媒介的整合趋势

以网络化、数字化为代表的新媒体技术，改变了媒体生存的大环境，也促进广播电视因势而动，因时而变，走上转型和整合之路。

以数字广播电视、IPTV、互联网电视、手机电视、移动电视等广播电视新媒体发展为契机，我国广播电视全媒体的发展总体上经历了起步期(1996—2002年)、发育期(2003—2007年)、成长期(2008年至今)等三个时期,目前仍然处于探索发展阶段。①伴随着广播电视媒介发展进步的,是日益显著的媒体整合趋势。

(一)广播电视媒介资源的整合趋势之一:数字化发展

广播电视数字化是广播电视生产和传播全过程、全流程的数字化。早在2003年,国家广播电视总局就提出"广播电视数字化从有线切入,以整体转换推动数字化发展"的方针。从那时起,我国广播电视领域就迎来了全面数字化转换和全方位升级换代的历史机遇。我国广播电视领域的全面数字化,不仅涉及面广、持续时间长,而且涉及管理体制、内容建设等方面,实际上是一场深刻的、具有划时代意义的重要变革。借数字化的东风,许多电视机构走上了升级换代的新路子。

(二)广播电视媒介资源的整合趋势之二:三网融合

"三网融合",实际上是指广播电视网、电信网和计算机网的互相兼并和融合,其目的是建立一个全能、高效、经济的网络。早在2001年3月,我国制定的"十五"计划纲要就第一次明确提出"三网融合"——"促进电信、电视、计算机三网融合"。2010年1月13日,国务院常务会议决定加快推进电信网、广播

---

① 王勇:《媒介融合背景下我国广电全媒体发展研究》,武汉大学2016年博士论文。

电视网和互联网三网融合。"三网融合"是为了实现网络资源的共享,避免低水平的重复建设。虽然在推进过程中,"三网融合"势必遇到一些现实的问题和困难,但是,"适应性广、容易维护、费用低、速度快"的融合优势,使其具备不可阻挡的趋势。总体上说,"三网融合"是一项利国利民的惠民工程。

(三)广播电视媒介资源的整合趋势之三:专业化与细分化

多年以来,随着社会的发展和广播电视专业分工的细化,广播电视受众群体多元化、个性化的需求日益明显。在我国,广播电视台的专业化细分始于20世纪80年代。1986年,珠江经济台的开播开启了专业化的先河。自此以后,专业型的广播电台和电视台如同雨后春笋般出现。时至今日,广播电视台的专业化细分化,仍然在不断尝试和变动之中,基本上覆盖了人们社会生活的各个领域。在我国的许多大中城市,基本上各个年龄层的受众,都有适合自己的频道或频率。这种针对不同目标群体而推动的专业化、个性化频道和频率改革,将持续成为广播电视领域的重要发展趋势。

(四)广播电视媒介资源的整合趋势之四:本土化趋势

本土化主要是指内容的本土化。广播电视台播出的内容要为当地的人民群众喜闻乐见,做到"三贴近"。尤其是从外部移植而来的节目,更要融入地方元素,否则便会"水土不服"。目前,国内广播电视媒介节目整体上创新能力欠缺,发展后劲不足,这在许多地方电视机构的表现中尤为突出。国内电视节目娱乐化和同质化现象一度受到人们的诟病。而地方媒体的娱乐化节目,不少是直接从国外拷贝而来。广播电视领域去同质化、增强本土化,已经成为有识之士的共识。本土化的最大特征就是增强地方特色,最长足的动力也是地方特色。由此,办有地方特色、本土特色和区域特色的节目,应该成为地方台的必由之路。

第三节 广播电视媒介与低碳媒介

本书所说的低碳媒介不是指一种具体的媒介形态,而是指符合低成本、低投入、低污染,高效率、高产出、高回报等特质的媒介统称。低碳媒介是广播电视媒介发展的基础性方向。广播电视机构在内容生产、栏目设置、传播方式、竞争策略等方面,要自始至终贯彻"低碳"的理念。广播电视发展成为低碳媒介,还有诸多环节需要完善。比如:

一、体制机制问题和市场乱象造成的高碳现象比较突出

广播电视领域的"四级办电视"在一定程度上也造成了一定资源的浪费。我国于1983年召开的第十一次全国广播工作会议提出并制定了"四级办电视"的方针。这种"中央、省、市、县"四级办广播、四级办电视、四级混合覆盖的运行模式(见图8-1),在中国广播电视事业发展历史上曾经发挥了关键性的作用。但是,随着近年来广播电视行业市场化发展,四级办广播电

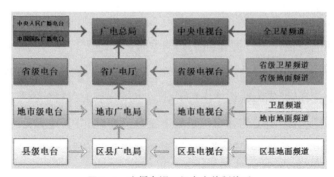

图 8-1　广播电视四级办台体制体系

视(台)的模式也呈现出了种种弊端。在 2000 年前后,我国的广播电视台数,一度成为"世界第一",甚至比世界上几个电视大国的电视台总数加起来还要多。截至 2013 年年底,全国共设播出机构 2 568 座,公开办节目 4 199 套,其中广播节目 2 863 套,电视节目 1 336 套,中央、省、地三级广播电视播出机构批准开办的高清电视频道达到 50 个。[①]这种一窝蜂办电视台的乱象,曾经催生了许多问题。不少市县电视台为了维持生计,购买以猎奇为卖点的廉价海外影视剧,乱播滥放现象一度比较严重。"散""乱"现象曾一度严重扰乱了我国媒介市场的健康发展。

二、内部管理框架不完善造成信息传播过程存在高碳现象

一些广播电视机构运行机制不合理,导致出现高碳现象。多年来,我国的新闻媒体机构普遍按照"金字塔"式管理层级运

---

① 国家新闻出版广播电视总局发展研究中心杨明品主编:《中国广播电影电视发展报告(2014)》(广电蓝皮书),2014 年版。

行,实行层级负责制。在现行的媒体管理运行体制下,电视台的一线记者采写完一条新闻后,需要经过制片人、中心主任、台长(总编)等好几道程序的把关审核才能播出,新闻生产的效率比较低。这种多层次、多环节的新闻生产方式,虽然在内容方面强化了把关意识,但也耗费了宝贵的人力和时间资源。

三、节目生产环节存在浪费现象

一个完整的广播电视节目是由前期策划、文案起草、中期采录以及后期制作合成等环节构成的。每一步的生产制作都会消耗一定的人力、物力和技术等资源。在我国许多电视机构的生产环节,浪费现象、高碳现象比比皆是。尤其是电视节目的生产是集体劳动,甚至是"兵团作战",一部电视剧的生产,有时候需要动用上百号人马,这里面耗时窝工、资源浪费的情形是经常发生的。广播电视媒介要实现低碳传播,必须在节目生产的每个环节尽量实现节约,避免浪费。比如,前期策划要通盘考虑,避免后期采录过程中的无效劳动。很多电视或广播节目就是因为前期策划不到位,中期采录比较匆忙,给后期制作带来很多麻烦,也势必会造成资源浪费。

四、节目设置及播出方面亦存在高碳现象

在我国,广播媒介节目设置中普遍存在"小而全"的现象[①]。许

[①] 刘名家:《移动互联网时代如何推进地级广播电台的创新发展》,《中国广播》2015年第7期。

多地方台的节目,形态、风格、制作手法如出一辙,节目形式也大同小异。比如中央广播电台"中国之声"设有《报纸摘要》《央广新闻晚高峰》等,不少地方电台也完全照搬,重大新闻直接引用,由此导致一些地方的新闻没有地方特色。多年来,我国广播电视媒介中节目同质化现象十分严重,频率资源浪费明显。以最常见的电视剧为例,电视剧是当今观众数量最多且观众群体稳定的电视节目类型之一,一直占据巨大的市场份额,播出量逐年递增,电视剧市场的竞争也相当激烈。早在2000年,国内电视剧产量就突破万集大关,此后稳步增长,近几年来年产量基本保持在14 000集到15 000集之间,平均每天生产电视剧45集左右[1]。我国已成为第一大电视剧生产国和第一大电视剧播出国。但是我国电视剧却存在着有数量缺质量,有"高原"缺"高峰"的现象,经常引发"羊群效应"[2]。在许多情况下,观众一打开电视机,好多电视台在同一时间播放同一部电视剧。大量的重复制作、重复播出、重复覆盖导致了重复投入,大大增加了社会成本,这是对时间资源和受众资源的极大浪费,也与低碳媒介建设的理念背道而驰。

第四节　广播电视市场竞争与低碳媒介

我国广播电视领域的市场竞争,起始于20世纪80年代的

---

[1] 新华网:《田进:努力推动电视剧创作再上新台阶》。
[2] 王希、亢海玲:《论电视剧竞争中的"羊群效应"》,《现代视听》2010年第7期。

改革开放之后,21世纪前后,广播电视领域的市场竞争愈演愈烈,几乎达到了白热化的程度。至今,这种竞争态势仍然弥漫着硝烟气味,令众多广播电视机构疲于应对。总的来说,广播电视领域的竞争对于社会是有益的。竞争促进了发展,竞争推动了内容建设,也使得广播电视节目内容更加精彩。在我国,广播电视领域的市场竞争,似乎比报纸等平面媒体的竞争更为激烈。

广播电视市场的竞争归根到底是对媒介资源的竞争,也是关于媒介内容、受众人群的竞争。但是,有序的广播电视市场竞争应该是"低碳的""环保的"和"高效的"。这也应该成为广播电视媒介在市场竞争中遵循的重要原则。

在电视领域,跟风现象一直比较严重,也是市场竞争的一个重要风向标。为了抢占收视率,一旦某个电视台的节目收视率居高或走红,一连串的类似节目很快就在各地电视媒体犹如雨后春笋般地出现。比如,自2012年浙江卫视《中国好声音》(第一季)开播之后,随后就有《中国梦想秀》《中国梦之声》《中国最强音》等节目面世;上海东方卫视于1998年推出《相约星期六》之后,便引发相亲节目层出不穷;湖南卫视一经推出《爸爸去哪儿》,便引发了明星亲子秀节目的浪潮。我国综艺娱乐类电视节目缺乏创新、"克隆"成风、跟风成癖,这已经成为业界、学界和舆论界诟病的主要话题之一。同质化的节目竞争导致电视媒介提供的产品在一定层面上出现"过剩"的局面,破坏了媒介生态的平衡,也势必造成电视媒介资源的巨大浪费。

媒介竞争既是好现象,也有副作用。只有了解了媒介竞争存在的负面问题,才能对症下药,做出正确的决策管理。广播电视媒介市场的竞争应符合低碳媒介建设的发展趋势,开展健康有序的竞争,打造"绿色"健康、高效"营养"的内容和节目,尽量为受众、为社会营造低碳的媒介环境。广播电视媒介的低碳化建设,需要从如下几个方面寻找着力点:

(1) 广播电视媒介要实现健康发展,需要媒介内部经营管理的"低碳化"。目前,一些地方的广播电视媒介半死不活,而且"只生不死",以至于在某种程度上出现了媒介"散""滥""瘫""软"的症状。对此,有关主管部门应尽快采取有力措施"治散、治滥、治瘫、治软",从顶层设计上优化广播电视市场资源,净化市场环境,解决市场上重复生产、粗制滥造的"高碳"竞争问题。

(2) 广播电视媒介要实现健康发展,需要科学配置内容资源,实现一定程度的信息共享。共享的信息资源,可以减少媒介产业链的中间环节。在信息资源配置方面,我国各级广播电视机构之间应发挥各自优势,互通有无,营造便捷、高效、优质的低碳媒介环境。在这方面,政府主管部门应该充分发挥协调和整合的作用。

(3) 广播电视媒介要实现健康发展,需要处理好市场竞争与深层合作的关系。我国的广播电视媒介之间,不仅仅是竞争的关系,还应该多一些合作。地方台之间、省级卫视之间,以及地方台与中央台之间,都可以开展一些实质性的合作。在一些重大的报道任务面前,媒体之间要相互配合,团结合作,这样才能获得更大的社会效果,最终出现双赢和多赢的局面。

总体来说,广播电视媒介要适应新形势下市场的竞争,就要紧跟文化产业可持续发展的步伐,自觉实践和贯彻低碳媒介发展的理念,从而焕发出更强的生命力。

第九章

低碳新闻与新媒体

第一节　新媒体与低碳媒介

媒介指的是各种传播渠道、传播平台、传播手段或工具。媒介是信息的载体和搬运工,也是将传播过程中各种因素相互连接起来的纽带。新媒体(New Media)是一种相对较"新"的媒介。

新媒体一词源于美国哥伦比亚广播电视网(CBS)技术研究所所长P. Goldmark于1967年提出的一份商品开发计划。之后,"新媒体"一词逐渐开始在美国流行,不久为世人所认同和接受。有学者认为,"以互联网和手机媒体为代表的新媒体的出现不亚于中国人发明纸张和印刷术的革命意义"[①]。新媒体的出现,已经对整个人类社会产生了巨大的影响。

一、对于新媒体的再认识

时至今日,学界关于新媒体的研究,已经林林总总,堪称汗牛充栋。关于新媒体的概念和定义,目前尚未形成公认且统一的意见,国内外专家亦各执一词,本书不再罗列和赘述。本书认为,所谓"新媒体",是一个相对的、参照的和动态的概念。当初,相对报纸来说,广播是新媒体,相对广播来说,电视又是新媒

---

① 中国社会科学网:《匡文波:中国互联网20年回顾与展望》

体。如今的"新媒体",其实是指电子信息终端的总和。就其表现形式来说,既包括电脑、手机、网络、电子书,还包括微信、微博、客户端、可穿戴设备,等等。其背后支撑的,其实是计算机技术、网络技术、大数据、云计算技术等。新媒体的发展,永远离不开技术的进步。新媒体之"新",与其说是形式新,不如说是技术新。新媒体的"新",归根结底,在于其具有高度的数字化、即时性、开放性、个性化、分众化,以及信息的海量性、传播的低成本性、技术的融合性、互动的即时性等方面。数字化可以说是新媒体最显著的特点,也是其最大的竞争优势。在这个意义上说,新媒体,其实就是"新技术媒体"。

二、新媒体的高碳现象

"低碳"已成为时下环保主义者倡导的重要生活理念。低碳经济已经延展到我们社会生活的各个领域。"环保、低碳"的概念已经广泛地走进了人们的视野,引起人们的重视。

新媒体传播已经做到低碳了吗?答案显然是否定的。在新媒体生产和传播领域,依然存在着许多高碳现象。如:

(1)新媒体平台信息泛滥。新媒体因为不存在版面和时间限制问题,几乎可以无限制地复制粘贴,由此导致许多新媒体平台信息泛滥。许多著名的新闻网站,有时候对于某一件事情(尤其是娱乐新闻和社会新闻),反复炒作,恶意起哄,网络水军和一些"狗仔队"也乐此不疲。因此,在许多新媒体平台上,垃圾信息、冗余信息很多,严重污染了人们的视听,也败坏了社会风气。

（2）许多新媒体信息来源不实。许多新媒体信息来自道听途说，或网民的流言蜚语，甚至是网民的"合理想象"。一些网络信息捕风捉影，距离真相可能相差十万八千里。这方面的例子简直不胜枚举。这也是为什么新媒体的可信度不高的重要原因。由于信息不实或失真，导致其他媒体和受众花费更多的时间精力去核实，甚至产生一些恶果。不实与虚假信息所带来的影响，不仅仅是造成额外的浪费，还会产生一定的社会危害。

（3）受众过度使用新媒体带来危害。受众过度使用新媒体带来的社会危害是显而易见的。自从网络和手机诞生以来，仅仅是在中国，有多少青少年因沉湎于网络，导致视力下降？有多少青少年整日沉迷于网吧，逃学逃课？又有多少网民因沉迷于网络和手机，发生了家庭悲剧？在这些情况下，新媒体犹如双刃剑和"精神鸦片"。在我们看到它带来的便利同时，也必须正视其破坏性和危害性。

（4）新媒体平台泛滥带来社会公害。当下，不仅存在着新媒体信息泛滥的问题，也存在着新媒体平台过多过滥的问题。且不说几乎每一家新闻机构都会建设新媒体平台，很多公司或单位会建立属于自己的网站，就连微信群、QQ群都已经到了泛滥成灾的地步。现在，无论是为了公事私事还是大事小事，三五个或几百个人，都可以随意拉一个群。以至于许多上班族，上班和下班的第一件事，就是看群里的信息。在新媒体的背景之下，几乎人人生活在"群"里。形形色色的"群"，就是大大小小的社会。许多人在群里发布不实信息，或发布不当言论，造成了诸多危害。当下社会，"群"之多之滥，几乎成了社会公害。新媒体平台泛滥问题给社会造成的危害和诸多资源浪费，已经到了需要正视的时候了。

三、新媒体如何实现低碳媒介

低碳已经无时无刻地伴随着我们的生活。低碳媒介与一般媒介最大的不同就在于其低能耗、低污染、低排放。虽然新媒体传播存在着这样那样的问题，但是从总体上说，与传统媒体相比，新媒体已在某种意义上践行了低碳媒介的理念。通常情况下，传统媒体采制一条新闻往往耗费很多人力、物力、财力，而新媒体却能利用其资源平台很方便地实现"低碳生产"的要求。另外，社会化媒体的兴起，让普通网民也能成为信息的发布者。这让新媒体不需要亲临现场，借助网络平台就能收到公民记者的第一手资料。

低碳媒介的建设永无止境。新媒体在低碳媒介建设方面，只是有着一些先天优势。就目前的情形而言，仍有很多拓展的空间。新媒体实现低碳化的途径有多种方式。

（一）大数据有助于实现低碳媒介

大数据技术是许多新媒体的重要和核心技术。大数据为新闻生产带来崭新的变革。大数据背景下的新闻生产，首先，可以通过数据分析，安排新闻生产，减少资源浪费；其次，可以借助大数据分析，把一条信息用最简介、最低碳的方式呈现出来；最后，可以根据大数据分析结果，有针对性地为用户提供个性化的服务信息，减少冗余信息推送。此外，在大数据时代，一些新闻素材不必局限于正在发生的事实，也可以根据以往生成的信息数据和历史素材,通过自动检索和内容分析,在短时间内就可以生成若干"新闻"。这种通过大数据分析生成的"新闻",不仅大大缩短了人们获得真实信息的过程,还有助于降低信息生产和传播的成本。

(二)信息共享有助于实现低碳媒介

在大数据、云计算等新媒体技术的支持之下,新媒体可以很方便地实现信息共享。新媒体的信息共享可以有多种方式。最为常见的是系统内部信息共享。在同一个媒介集团或组织体系内部,新闻信息素材被无偿地互相拷贝和复制粘贴;或者,媒介集团建立的信息数据库,被旗下若干媒介平台共享和利用。此外,媒介与媒介之间、媒介集团与媒介集团之间,也可以建立信息共享与交换机制。从低碳媒介的角度来说,信息共享是有利之举。这样可以避免重复劳动,减少投入,降低碳排放,提高社会整体效益。

(三)媒介融合有助于实现低碳媒介

媒介融合在新媒体领域方兴未艾,大有作为。当下,媒介融合,在很多情况下是跟新媒体的融合。有新媒体支持的媒介融合,新闻生产流程可以大大压缩和简化。媒介融合不仅仅指生产内容融合、传播渠道融合和媒介技术融合,还包括组织管理架构的融合。媒介生产组织体系融合集成后,管理制度可由"叠床架屋"式走向扁平化。这不仅有助于大大节约人力资源,还将有助于产品效益由单一性走向多重化,有利于实现传播效益的最大化。

第二节　对于几种新媒体现象的理论探析[①]

近年来,随着媒介技术的进步和新的媒介形式不断推陈出新,新闻传播学理论得到了充实和发展。与新媒体有关的一些传播理论和观念,也如雨后春笋,不断衍生。"自媒体""全媒体""融媒体"就是三种比较流行且易于混淆的新媒体现象。而且,这三种新媒体现象正在日益深刻地影响着当今的信息传播实践活动。由此,非常有必要从学理上探讨三者的基本内涵与界限。本节拟重点探讨"自媒体""全媒体""融媒体"等新媒体现象与范畴,研究相关概念和理论问题,并力图厘清它们之间的关系。

一、关于自媒体

自媒体的关键词在于"自",即崇尚民主、自由和创新的精神。自媒体的建立者、生产者、发布者、传播者和把关人都可以是公民个人或民间组织。在自媒体的生产和传播组织体系中,公民只需对自己传播的信息和言论负责。可以说,自媒体就是"受众自主媒体""草根媒体""人人媒体"。对于普通网民来说,就是"我的媒体""公民媒体""个人媒体",是网民依据自己的意愿,自主搭建、组织和管理的信息发布平台。在自媒体环境中,网民可以随时随地发布信息、过滤信息、管理信息,并可以随

[①] 本节内容此前曾发表于王晴川、刘亚利《三种易于混淆的新媒体理论概说》,《新闻爱好者》2016年第1期。

时实现一对一、一对多和多对多的信息沟通。每一种自媒体形式的传播方式、互动形态各不相同,它们与传统的大众传播媒介(广播、电视、报纸)相比亦有很大不同。自媒体传播表现出一些共同的特点,主要是:

（一）传播主体具有草根性和平民化

自媒体时代是"网民为王"和"草根为王"的时代。自媒体传播的主体通常是普通网民和社会公民,而不是一个媒体组织或媒介机构。任何人,只要能够通过计算机和手机等媒体上网,就可以自主发布信息,传播观点。而且,一个公民可以同时拥有多个自媒体信息发布平台。在自媒体时代,信息发布者可以随时随地发布、修改、删除、补充、更新信息,几乎无须经过其他任何人员和机构审批,信息发布和传播,犹如张口说话一样简单。这跟传统媒体传播有很大不同。所以,自媒体又可以称为"公民媒体""草根媒体""网民媒体"。当然,自媒体发布虽然简单便捷,但是,传播者需要为其传播的内容和言论负责。信息的把关人往往只有一个,即传播者自身。缺少把关层次和多级过滤环节,也给自媒体信息传播带来了一定风险。

（二）传播内容具有杂糅性和碎片化

自媒体传播的内容,通常具有杂糅性、复合性,有时呈碎片化甚至粉末状态。一句话、一个词、一个表情符号,都可以成为自媒体语言单独传播。通过自媒体流转的信息,往往是许多人加工和修改的结果。很多信息流转一圈,已经成为"集体智慧的结晶",很难查证出作者是谁。自媒体传播的信息,永远呈现着未完成状态,永远在路上。所以,自媒体传播的信息,多是"半成品"。可以说,自媒体的传播过程往往是传播——更新——再传播——再更新的过程。而传统媒体传播的信息,尤其是新闻报道和影视作品,通常表现出很强的完整性和完成性。这是自媒体和传统媒体一个明显的区别。

(三)传播路径具有多极性和复杂化

通过某一自媒体平台传播出去的信息,很可能在数小时、数分钟甚至数秒钟之内,被不同的自媒体传播、复制、修改、链接和扩散。其传播路径不再是一元的、单向的和单线条的,而是多元、多向和多线条的。其传播机制和过程变得十分复杂。有时候,一则经过自媒体传播出去的信息,在经历了全球漫游之后,被无数人复制、链接、加工和修改,最后又回到信息的初始发布平台,其间到底发生了什么,没有人能够解释得清楚。

(四)传播过程具有互动性和交织化

自媒体传播是互动性很强的传播活动。几乎可以说,自媒体就是"互动媒体"和"互传媒体"。传者和受者之间的互动性很强,可以伴随始终。在自媒体环境中,信息的传播过程就是互动过程。有时,信息的传递和接受过程,会交叉和交织在一起,难以区隔和分辨。自媒体时代,一方面,"人人都是记者","人人都是主编","人人都是台长";另一方面,"人人都是受众","人人都是看客"。每个网民每天都在向别人传播信息,而同时又在接受着别人的信息。每个人既是传者又是受者。而且传者和受者之间的界限日益显得很模糊。

(五)传播时间具有即时性和自主化

自媒体传播是传播主体即个人在任何时间都可以进行的无时间限制的传播,一天24小时每分每秒都可以作为传播时间,不像报纸、电视、广播等需要经过层层审批才能与受众见面。因此自媒体的传播可以说是不受时间地点限制的自由传播。无论何时何地发生的新闻,分秒之间都可以通过微博、博客等终端平台传遍世界的角角落落。这种时间上的自由性,使得传播无时无刻不在发生。

(六)传播媒介具有复合性和多样化

在传统新闻传播领域,报纸、广播、电视是基本上互不兼容和覆盖的。报纸媒介不能传播声音和视频;广播媒介传播不了文字和画面;电视媒介主要以传播声音和画面为主。而在自媒体那里,声音、画面、文字、视频、照片、图表等信息,都可以交叉复合呈现。自媒体可以传播其他任何媒介能够传播的信息。对于自媒体来说,传播不是问题,问题在于有无传播的内容。自媒体是无所不能的,几乎可以"包打天下"。

由于自媒体具有以上种种特点,有的学者误将自媒体称为"全媒体"或"融媒体"。事实上,自媒体和全媒体、融媒体在内涵上是有差异的。自媒体强调的是"自主传播"和"个人传播",以"公民媒介"为核心;全媒体强调的是"多路传播"和"多元传播",以"跨媒体"为核心;融媒体强调的是"整合传播"和"集成传播",以"复合媒介"为核心。"自媒体""全媒体""融媒体",都是网络时代出现的信息传播载体。它们之间有交叉复合的地方,区别也是明显的。

二、关于全媒体

"全媒体"的概念在当今社会被不断提及。然而,何谓"全媒体",学界至今还没有一个准确的定义。有学者研究指出,2008年以来,"全媒体"这一词语在我国各类报纸、期刊、广播、电视中频频出现,其中包括"全媒体时代""全媒体战略""全媒体报道""全媒体记者""全媒体广告""全媒体传播""全媒体公民"等。"全媒体"在英文中为"Omnimedia",为前缀omni和单词media的合成词。

尽管全媒体在国外新闻传播学界未被广泛认可,但在近几年经常被我国新闻传播学者提及或研究。我国新闻传播学者对全媒体的定义大体上分为两类,一类是"报道体系说",另一类是"传播形态说"。前者的代表是中国人民大学新闻学院教授彭兰,后者的代表是南京政治学院军事新闻传播系的周洋。2009年7月,彭兰教授在《媒介融合方向下的四个关键变革》中明确提出了"全媒体"的概念。她指出,"全媒体是指一种业务运作的整体模式与策略,即运用所有媒体手段和平台来构建大的报道体系"[①]。周洋则认为,"全媒体"的概念来自传媒界的应用层面,是媒体走向融合后跨媒介的产物。具体来说,"全媒体是指综合运用各种表现形式,如文、图、声、光、电,来全方位、

[①] 彭兰:《媒介融合方向下的四个关键变革》,《青年记者》2009年2月(下)。

立体地展示传播内容,同时通过文字、声像、网络、通信等传播手段来传输的一种新的传播形态"[①]。

笔者认为,所谓"全媒体"应该是对传统媒体与新媒体等多种媒介形式进行全覆盖的传播方式,是充分调动媒介资源,使重要信息实现最大覆盖面的传播途径。全媒体的突出特点应该是"全",是最全的覆盖面、最全的技术手段、最全的媒介载体、最全的受众传播。但是同时,全媒体追求的又是小而精,追求的是细分化和精准化传播。全媒体的出现和发展,其实是建立在技术可能性之上的,其核心是"跨媒体"和"全覆盖"。具体而言,全媒体概念的内涵应包括以下几方面内容:

(一)全媒体传播在内容上具有重要性和广泛性

笔者认为,不是所有的信息都需要通过全媒体的方式进行传播。从传播内容看,全媒体传播的内容往往是比较重要的新闻和信息,需要引起受众的广泛关注,需要通过声、光、电、文、图、画等全方位的形式,传播极具价值的新闻和信息,实现最大限度的信息覆盖。全媒体的重要特征之一就是对重要新闻事件进行即时滚动播报。全媒体可以综合运用广播电视报纸网络等媒介的传播符号,推动新闻事件的发生和持续传播。比如,在2015年8月12日发生的"天津大爆炸"后续报道中,上海广播电视台《看东方》节目就大量地融合了报纸、广播、互联网、手机等内容,既有对报纸的解读,又有网络论坛的互动参与,"读

[①] 罗鑫:《什么是全媒体》,《中国记者》2010年第3期。

网""读报"和"读电视"在全媒体的传播里成为现实。

（二）全媒体传播在形式上属于"跨媒体传播"和"全身心传播"

全媒体传播具有即时、滚动、互动、聚合的特征。从传播媒介看，全媒体传播实现了对报纸、杂志、广播、电视、手机、网络、卫星通信等多种媒介形式的整合，可以利用视觉、听觉、触觉、味觉等人们接受资讯的全部感官，使受众全身心地投入到对信息的接受活动中，属于"跨媒体传播"和"全身心传播"。全媒体不再单独依靠某一种媒介进行传播，而是力求在传播路径上"一网打尽"，全面覆盖。全媒体传播在形式上更具形象化、生动化、大众化，更加符合受众的需要，能够满足受众的媒介接触兴趣，从而能够提高受众对于媒介的忠诚度。

（三）全媒体传播在受众层面实现了超级细分化和精准化

全媒体不是简单地指称以全部媒体覆盖全部受众。全媒体传播所关注的"全"，是以多种媒介形式，覆盖全体目标受众。全媒体传播的受众是超级细分的目标受众群体，受众市场可以细分到每位消费者及其有个性的信息需求。全媒体可以针对目标受众的不同需求，选择最适合的媒体形式和传播渠道，提供菜单式信息服务，从而实现对受众的"精准传播"和"一对一传播"。理论上讲，全媒体传播可以将目标受众无限地细分，并无限地满足其个性需求。用户任何信息需求，在全媒体传播平台上几乎都能找到答案。全媒体传播能够实现对目标受众信息需求的全面满足。

（四）全媒体传播在实践层面更多地体现着一种媒体战略和宏观意识

全媒体不是指某一种媒体，也不是几种媒体的简单相加。全媒体更多地体现着一种媒介思维和战略意识。全媒体传播对于新闻媒介和新闻工作者来说，要求他们更多地从媒体战略的角度和大局出发，组织新闻报道和信息传播活动。什么样的新闻和信息需要全媒体传播？如何组织全媒体传播？全媒体传播要覆盖哪些受众？这些都是全媒体传播所需要面对的问题。全媒体传播需要从新闻与信息的策划、采访、拍摄、编辑等各个战略层面，组织适宜多种媒体传播的信息传播活动。

全媒体的种种传播特性，决定了全媒体记者必须具备一些特殊素质，突破传统媒体框架下的定向思维与传播能力，适应媒体融合时代的传播需求。全媒体记者的技术水平与业务素质必须"全面"，必须掌握采、写、编、播、摄、录、传等多种技能。全媒体记者的出现，打破了传统意义上记者为单一媒介服务的思路，这也是时代所趋、发展所向。

三、关于融媒体

对于"融媒体"这一概念，首先应该明确的是，"融媒体"是一种新闻理念。这个理念是把广播、电视、报纸、互联网等这些有共同特点但又存在互补性的不同媒体在人力、内容、宣传等方面进行全面整合，使单一媒体的竞争力变为多媒体的竞争力，最终达到"资源通融、内容兼融、宣传互融、利益共融"的目的。很多学者把"融媒体"等同于"全媒体",这事实上是对融媒体的一种误解。全媒体强调的是"多元传播",是分开并行的传播手段;融媒体强调的则是"整合传播",是集合整成的传播途径。一分一合,乍看相似,实则迥异。

何谓融媒体?《光明日报》副总编辑陆先高认为,可以从八个方面统筹融媒体的发展。即理念融合、流程融合、技术融合、产品融合、人才融合、渠道融合、市场融合、资本融合。他还称:"我们的目标不仅是要通过媒体融合整合内部资源、优化内容生产能力,提升新媒体的内容品质,更希望通过媒体融合利用新兴技术、研发新媒体产品,重建传播渠道,增强内容的传播力、品牌影响力和市场的运营能力,打造新型媒体集团,与媒体业界一起共同致力于建设新媒体领域晴朗的生态环境。"[1]

在此基础上,笔者认为,融媒体是一种集成化和整合化的媒介形态和信息生产方式,是媒介的最高级形态和最经济的组织形式。应该从以下几个方面把握融媒体的优势和特质:

(一)融媒体是一种先进的信息生产方式

融媒体将所有传统媒体与新兴媒介的优势和特点都整合起来,并整装利用,集众家之长,最大限度地提高了媒介的传播效果和生产效率。融媒体可以将传统媒体与新兴媒体的优势发挥到极致,真正做到"一媒在手,无所不有"。可以说,融媒体代表着媒介发展的最新方向。融媒体向受众呈现的,是集声音、

---

[1] 腾讯网:《光明日报陆先高:融媒体才是王道》。

画面、视频、文字、图表等信息为一体的复合型信息形态,是"无所不包""无所不能"的信息传播工具。换句话说,融媒体应该是一种能够看得见、摸得到、便携带、多用途的先进信息工具。利用融媒体,新闻工作者乃至普通公民,可以阅读文章、收看电视、采编信息、接收邮件、拨打电话、拍摄视频与剪辑素材等等。融媒体几乎可以帮助我们做任何与信息传播有关的事情。这可能是融媒体与自媒体、全媒体之间最大的区别。

(二)融媒体打破了媒介之间的界限与区隔

在融媒体时代,媒介不再简单地划分为"平面媒体""影视媒体""网络媒体"等,而是统称为"融媒体"。融媒体综合运用了所有媒介的功能与特质,将所有的媒介形式改造成为具有普适意义的"媒体",也使得媒体无论是在理论还是实践层面,都实现了真正的回归。

(三)融媒体是信息技术高度融合的媒体

数字技术和通信技术的发展,为融媒体提供了有力的技术支撑。融媒体的技术基础在于数字技术和信息处理技术。传统媒体的数字化发展,如模拟电视的数字化转换,为融媒体发展提供了基础性条件。融媒体可以将所有媒介的技术优势都聚集起来、整合起来,达到最快最好的传播效果。

(四)融媒体是实现"人媒合一"的媒体

融媒体最大限度地满足了人们对于媒介的内容需求,并开发了媒介所能够承载的功能。在融媒体时代，人类最大限度地将媒介与自身统一起来，使得媒介成为人类自身生存和发展不可缺少的一部分。人类也从来没有如此依赖媒介、信任媒介。我们可以相信，在融媒体时代，离开媒介或失去媒介，作为个体的人是无法融入社会的。

总之，"自媒体""全媒体""融媒体"都是媒介在发展过程中出现的不同现象或媒介组织形式，都是信息技术发展和演进的结果，代表着人类在信息时代对于媒介的现实需求和发展方向。当然，它们也不是媒介发展的终极形态，只能是媒介发展的一个阶段。"自媒体""全媒体""融媒体"并行不悖，互相有交叉和覆盖。"自媒体"关注的是信息传播的主体，强调公民在信息传播中的主体地位和自由精神；"全媒体"关注的是信息传播的方式，主张信息多路径、全方位、立体化传播，让受众在最短时间内最大限度地接触信息；"融媒体"强调的是媒介融合、技术整合与信息资源共享，强调用最经济的方式传播信息。这三者之间，侧重不同，特点迥异。但是无论如何，它们的生产与组织形式，都与传统媒介大不一样。当前，在信息生产与新闻传播实践中，它们更多地代表着一种新型的思维方式和人们认知世界的态度。它们同属于新媒体范畴，但也不是一般意义上的"新媒体"，更不是对于网络媒体、手机媒体的简单叠加。"自媒体""全媒体""融媒体"已经成为一种新的生产与生活方式，前所未有地融入公民的生活，也正在深刻地改变着这个世界。

参 考 文 献

[1] 徐宝璜:《新闻学》,中国人民大学出版社1994年版。
[2] 黄旦:《传者图像:新闻专业主义的建构与消解》,复旦大学出版社2005年版。
[3] 吴飞:《新闻专业主义研究》,中国人民大学出版社2009年版。
[4] 史新峰编著:《气候变化与低碳经济》,中国水利水电出版社2010年版。
[5] 王积龙:《抗争与绿化》,中国社会科学出版社2010年版。
[6] 吴信训、金冠军、李海林:《现代传媒经济学》,复旦大学出版社2004年版。
[7] 刘涛:《环境传播:话语、修辞与政治》,北京大学出版社2011年版。
[8] 低碳经济课题组编著:《低碳战争:中国引领低碳世界》,化学工业出版社2010年版。
[9] 杨娟:《中国媒介生产融合研究》,中国广播电视出版社2014年版。
[10] 栾轶玫:《融媒体传播》,中国金融出版社2014年版。
[11] 铁铮主编:《绿色传播论》,光明日报出版社2014年版。
[12] 曾庆江:《媒体平衡论》,武汉大学出版社2014年版。
[13] 杜骏飞主编:《中国网络传播研究》,浙江大学出版社2008年版。
[14] [美] 弗里德里克·S.希伯特、西奥多·彼得森、威尔伯·施拉姆著,戴鑫译,展江校:《传媒的四种理论》,中国人民大学出版社2008年版。
[15] [美] 保罗·萨缪尔森、威廉·诺德豪斯,萧琛主译:《经济学》(第十九版),商务印书馆2011年版。

[16][美]新闻自由委员会,展江、王征、王涛译:《一个自由而负责的新闻界》,中国人民大学出版社2004年版。

[17][美]迈克尔·埃默里、埃德温·埃默里、南希·L.罗伯茨,展江译:《美国新闻史:大众传播媒介解释史》,中国人民大学出版社2009年版。

[18][美]斯蒂芬·李特约翰、[美]凯伦·福斯,史安斌译:《人类传播理论》,清华大学出版社2009年版。

[19][美]比尔·科瓦齐、汤姆·罗森斯蒂尔,刘海龙、连晓东译:《新闻的十大基本原则》,北京大学出版社2011年版。

[20][美]利昂·纳尔逊·弗林特著,萧严译,李青青、展江校:《报纸的良知》,中国人民大学出版社2005年版。

[21][加]哈罗德·伊尼斯,何道宽译:《传播的偏向》,中国人民大学出版社2003年版。

后　记

"碳达峰""碳中和"是近年来出现的热词和重要话题,并被写入2021年我国政府工作报告。

碳达峰是指我国承诺2030年前,二氧化碳的排放不再增长,达到峰值之后逐步降低;碳中和是指企业、团体或个人测算在一定时间内直接或间接产生的温室气体排放总量,然后通过植树造林、节能减排等形式,抵消二氧化碳排放量,实现二氧化碳"零排放"。

碳中和跟人人有关。新闻工作者的采访编辑报道等业务,更是直接关乎碳中和。作为担负重要社会责任的新闻工作者,应该为碳中和作出表率和贡献,走在节能减排和低碳社会建设的前列。

低碳新闻和低碳媒介的建设永远在路上。对于低碳新闻的研究和探索也永远在路上。党的十九大报告提出,人与自然是生命共同体,人类必须尊重自然、顺应自然、保护自然。"推进资源全面节约和循环利用,实施国家节水行动,降低能耗、物耗,实现生产系统和生活系统循环链接。倡导简约适度、绿色低碳生活方式"。

期待本书关于低碳新闻的探索和研究,可以在新闻传播领域引起更多人对于提高资源利用效率、改进新闻传播和报道方式的关注和兴趣。本书旨在抛砖引玉，期望引起学界和业界同人的共鸣，共同为建设美丽中国与和谐社会贡献力量。

上海大学新闻传播专业部分研究生同学参与了本书的素材搜集和起草工作。如：朱欣负责起草第六章、赵瑾负责起草第七章、刘亚利负责起草第八章。

北京大学新闻传播学院陆地教授、上海大学新闻传播学院郑涵教授等同人，对于本书的撰写和研究给予了指导与支持。在此一并表示感谢！

王晴川

2021年11月1日